# ON NE DISSOUT PAS UN SOULÈVEMENT

# ON NE DISSOUT PAS UN SOULÈVEMENT

## 40 VOIX POUR LES SOULÈVEMENTS DE LA TERRE

Éditions du Seuil
57, rue Gaston-Tessier, Paris XIXe

ISBN 978-2-02-154726-9



www.seuil.com

*Ce livre est dédié aux blessé·es de Sainte-Soline*

# SOMMAIRE

*La terre n'a pas été créée afin que vous en deveniez les seigneurs, et que nous soyons vos esclaves, vos serviteurs et vos mendiants. Au contraire, elle fut créée pour donner à tous les moyens de leur commune subsistance, sans distinction entre les personnes. Ainsi, acheter et vendre la terre et ses fruits, comme vous le faites les uns avec les autres, est une abomination.*

Déclaration des Diggers,
1er juin 1649

Depuis l'hiver 2021, un mouvement s'est levé : les Soulèvements de la Terre. Contre l'accaparement et l'empoisonnement de la terre et de l'eau par le complexe agro-industriel. Contre la métropolisation et la bétonisation des terres agricoles nourricières et des derniers espaces naturels. Un mouvement pour résister de toutes nos forces au ravage en cours. Pour reprendre, mettre en commun et choyer les terres. Y déployer des expériences communales et coopératives. Réinventer des formes de vie qui imbriquent subsistance paysanne et symbiose avec l'ensemble du vivant.

La terre, l'enjeu de ses usages et de son partage, des manières d'en prendre soin et de la travailler : voilà bien une question politique cruciale. Elle se situe à la croisée de la question sociale, de la question écologique et de la question coloniale. Question sociale, parce que nous avons besoin d'arracher la terre aux mains de ceux qui la concentrent et l'exploitent aveuglément, pour bâtir des espaces où réinventer la vie, le travail et la solidarité. Question écologique, parce que nous avons besoin de la protéger face au béton, de défendre les terres agricoles et des lieux où la libre floraison et la vie animale auraient toute leur place. Question coloniale, parce que les ex-colonies sont les premières à subir les conséquences désastreuses d'un mode de vie métropolitain et consumériste qui détruit la subsistance paysanne dont les populations du Sud vivent encore majoritairement ; parce que la richesse de l'Occident se fonde encore et toujours sur le pillage de leur sol.

Depuis des siècles, du nord au sud, des mouvements populaires se sont battus pour défendre et rendre réelle une idée simple. Une conviction au croisement du bon sens paysan et de l'affirmation révolutionnaire : la terre et l'eau sont des biens communs. Ils appartiennent à tous et non à quelques-uns. C'est cette même évidence qui est partout défendue : des Diggers anglais du XVIIe siècle à l'actuel Mouvement des sans-terre au Brésil, du mouvement des paysans travailleurs de Loire-Atlantique à l'insurrection Mau-Mau au Kenya, des territoires autonomes de la rébellion zapatiste à Dhili Chalo, la récente et puissante révolte paysanne en Inde.

# PRÉFACE

Les Soulèvements de la Terre n'inventent rien – ou si peu. Ils repartent d'une intuition politique séculaire. Ils rallument des pratiques de lutte, d'offensives et d'autodéfense dont jamais nous n'aurions dû nous départir. L'urgence vitale face au désastre ranime une impérieuse nécessité : celle de se battre pour d'autres mondes. Que chaque manifestation traduise notre colère et nos aspirations dans un geste concret et non dans une vaine supplication adressée à ceux qui nous gouvernent, nous oppriment et sont en passe de détruire la possibilité même de notre avenir sur terre.

Au fil des saisons et des actions, des rues de Lyon au Marais poitevin, des vignes du Var aux quartiers populaires de Besançon, le mouvement n'a cessé de grandir et d'apprendre. Le 25 mars à Sainte-Soline, à l'appel des Soulèvements de la Terre, de Bassines Non Merci et de la Confédération paysanne, 30 000 personnes ont marché contre les mégabassines. Cette journée s'inscrivait dans la lignée des précédentes manifestations, marquées par des désarmements et des envahissements de chantiers.

Ce jour-là, l'État a voulu écraser la lutte, en tirant massivement sur une foule diverse, mais déterminée à mettre un terme au chantier. Il était prêt à tuer. L'éthique et la raison d'État ont toujours été inconciliables. Ce qui a frappé à Sainte-Soline, c'est l'ampleur et l'intensité inédite du feu. Cinq mille cinq cents grenades tirées en deux heures. Plus de 200 personnes blessées parmi les manifestant·es, dont plusieurs très gravement mutilées. Trois personnes ont frôlé la mort. L'une d'entre elles n'est toujours pas tirée d'affaire à l'heure où nous écrivons ces lignes.

Face à l'indignation générale, l'État croyait pouvoir justifier sa violence aveugle en brandissant l'épouvantail de l'ultragauche et en instillant le venin de la division. Mais la solidarité a été plus forte encore. Alors, Darmanin a annoncé la dissolution pure et simple des Soulèvements de la Terre. Objectif : menacer de prison quiconque aurait l'audace de se réunir, de prendre la parole ou de mener une action sous la bannière des Soulèvements. Enterrer le mouvement par la terreur, quoi qu'il en coûte. Mais, comme l'écrit le poète résistant René Char : « La parole soulève plus de terre que le fossoyeur ne le peut. »

En quelques jours, telle une traînée de poudre, « Nous sommes les Soulèvements de la Terre » a partout résonné. Inscrit sur des banderoles, tagué sur des murs, scandé dans des discours, écrits dans des tribunes, crié par des foules rassemblées dans les rues des villes et des villages de France. Au point que 100 000 personnes s'en réclament ouvertement dans une déclaration commune[1]. En quelques jours, plus de 140 comités locaux ont été créés dans toute la France. Des personnes partout se retrouvent pour joindre le geste à la parole, pour imaginer les futures actions des Soulèvements de la Terre. À l'heure où nous écrivons ces lignes, la menace de dissolution plane encore. Quand bien

1. http://lessoulevementsdelaterre.org/blog/nous-sommes-les-soulevements-de-la-terre

même serait-elle mise à exécution, nous démontrerions de mille et une manières qu'on ne peut pas dissoudre un soulèvement.

Cet abécédaire est un geste parmi d'autres pour prolonger la dynamique des Soulèvements de la Terre. Un petit lexique, composé dans l'urgence, *pour* le mouvement, avec ses constats, ses hypothèses, ses pratiques et ses résonances. Parler pour, sans parler à la place de. Une quarantaine d'autrices et auteurs prennent la parole pour partager un mot qui déploie le sens de leur implication. S'entrelacent ainsi les voix de scientifiques, d'écrivain·es et celles d'anonymes, d'organisations et de collectifs qui ont pris part plus activement à la dynamique des Soulèvements de la Terre depuis sa création. Cet abécédaire a pour ambition de nourrir une vaste discussion collective dans l'espace public comme dans les comités locaux. Le manifeste porteur des hypothèses et des affirmations politiques du mouvement, reste, lui, encore à écrire.

# ACCAPAREMENT

## Des enclosures aux mégabassines

Le développement du capitalisme a été facilité par un mouvement croissant d'accaparement des biens communs par une minorité de possédants, tantôt sous des formes violentes, tantôt en déguisant la brutalité d'une appropriation indue sous des instruments juridiques créés pour la circonstance.

Que l'on songe à sa forme la plus connue, le mouvement des *enclosures* en Grande-Bretagne. Dès le Moyen Âge, il a soustrait à l'usage collectif des communautés paysannes des champs et des pâtures pour les réserver à des propriétaires locaux, avec pour conséquence une éviction des travailleurs de la terre devenus des occupants sans titre sur les fonds qu'ils avaient mis en valeur. Le résultat fut notamment une augmentation de la surface des pâtures privées, désormais encloses, aboutissant à ce que, selon la célèbre formule de Thomas More, « les moutons […] dévorent les gens et dépeuplent, non seulement les villages, mais aussi les villes ». Quant à ceux qui jouissaient auparavant d'un libre accès à ces terres en commun, « ils sont évincés de leurs possessions par la ruse ou la force ».

Ce mouvement d'appropriation des terres, à l'origine de ce que Marx a analysé sous l'expression d'accumulation primitive du capital, s'est poursuivi en Europe de façon insidieuse et à grande échelle jusqu'au XIX<sup>e</sup> siècle, par exemple avec la spoliation des landes de Gascogne, une zone humide occupée et utilisée en commun par des éleveurs de moutons, expropriés par l'Empire de Napoléon le Petit dans ce qui fut en France l'un des plus grands hold-up de terres des siècles passés, non pas tant au prétexte officiel d'assainir des marécages insalubres, mais bien plutôt pour offrir de juteux profits aux grands bourgeois ayant les moyens d'acquérir les vastes domaines préemptés par l'État et de planter, pour le gemmage, la forêt de pins qui domine actuellement la région.

Que l'on songe aussi et surtout au pillage des terres des populations autochtones par les puissances coloniales, notamment dans les Amériques. Dans les colonies ibériques ou avec la colonisation britannique, il s'agit toujours de mettre la main sur les terres auparavant utilisées en commun afin de créer des grands domaines agricoles ou d'évincer les premiers occupants lorsqu'ils ne cultivent pas la terre. Dans tous les cas, et dans toutes les régions où elle s'est exercée, la colonisation européenne a été le plus grand mouvement de spoliation de terres autrefois utilisées en commun par des collectifs locaux que l'histoire mondiale ait connu. Sous les espèces du néocolonialisme interne et de l'impérialisme des grandes puissances, le mouvement se poursuit jusqu'à présent, comme en témoigne la lutte qui oppose en Guyane des autochtones kali'na à Total pour l'implantation d'une centrale électrique solaire sur les territoires forestiers qui bordent leur village.

D'autres éléments des biomes utilisés en commun continuent d'être pillés ou pollués par une minorité. Le cas de l'eau, devenu particulièrement crucial avec le réchauffement climatique, est emblématique des formes contemporaines d'accaparement. Si les Soulèvements de la Terre luttent aussi contre l'accaparement et l'artificialisation des terres agricoles et des forêts par la grande industrie et contre les aménagements inutiles, depuis les autoroutes jusqu'au grand cirque blanc, le combat mené avec d'autres organisations et collectifs contre les retenues d'eau de pompage (les mégabassines) dans l'ouest de la France témoigne de ce que le combat contre la spoliation des biens communs, né il y a plusieurs siècles, est loin d'être terminé en Europe. Avec la complicité de l'État français, pourtant condamné à plusieurs reprises pour son inaction climatique, une minorité d'exploitants a décidé de monopoliser pour l'irrigation estivale l'eau des nappes phréatiques afin d'alimenter des retenues d'eau artificielles, dont certaines aménagées illégalement sans que l'État ait jugé bon d'exiger leur démantèlement. Plutôt que de tenter de changer les façons culturales et les espèces cultivées pour les adapter à la sécheresse chronique induite par le nouveau régime climatique – comme de nombreux paysans ont commencé à le faire – cette minorité s'efforce ainsi de perpétuer de façon déraisonnable un modèle agricole dont on voit bien qu'il a vécu. Le fait que le gouvernement emploie de façon démesurée les forces de l'État pour museler ceux qui s'élèvent contre de tels projets montre assez la continuité qui existe dans l'emploi de la violence par la puissance publique contre l'usage associatif des communs, depuis que les autorités britanniques ont voulu briser la résistance aux *enclosures* du XVII^e^ au XIX^e^ siècle. C'est que, au-delà du réflexe pavlovien de la protection d'intérêts privés contre le bien public, le gouvernement a peut-être su discerner derrière les mouvements luttant contre l'accaparement des communs, et plus généralement derrière l'existence de territoires alternatifs comme la ZAD de Notre-Dame-des-Landes, une menace mortelle contre le modèle social et économique dévastateur de la planète et profondément inégalitaire dont il est l'expression la plus zélée.

Philippe Descola

➡ Voir aussi Prises de terres, Kapitalocène, Mégabassines

# AUTONOMIE

Autonomie : mot difficile, mot piégé, aux sens multiples et parfois contradictoires. Parlera-t-on de la liberté individuelle du sujet moderne ? Assurément non. De la décentralisation, notamment régionale, du fonctionnement de l'État ? Pas davantage. De l'autonomie des luttes ouvrières à l'égard des partis et des syndicats ? Pas exactement, même si l'on sait combien les dynamiques italiennes des années 1970 ont pu irriguer.

Partons plutôt du sens que les zapatistes du Chiapas donnent à ce terme. Pour eux, l'autonomie consiste à déployer et défendre des manières de vivre qu'ils éprouvent comme leurs – une liberté collective qui suppose rien de moins que de tenir à distance les logiques destructrices de la marchandisation capitaliste et les formes de dépossession induites par la représentation étatique. Malgré d'immenses difficultés, ce que les zapatistes ont construit dans les territoires rebelles du Sud-Est mexicain est l'une des expériences d'autonomie les plus remarquables de la période récente, par sa radicalité, son extension géographique (une région comme la Bretagne) et sa longévité (trois décennies).

L'articulation entre autonomie politique et autonomie matérielle, dans une logique de subsistance, est essentielle. Dans le sillage du soulèvement armé de l'Ejército Zapatista de Liberación Nacional (EZLN), le 1er janvier 1994, 150 000 hectares ont été repris aux grands (ou moyens) propriétaires. Des terres que l'on dit « récupérées », car les communautés indigènes en avaient été spoliées, principalement au XIXe siècle. Bel exemple de reprise de terres ! De fait, pour les zapatistes, « la terre est la base matérielle de l'autonomie » ; et c'est en grande partie grâce au travail collectif accompli sur ces terres récupérées qu'il est possible de soutenir l'organisation des systèmes de santé et d'éducation autonomes.

Quant à l'autonomie politique, elle prend la forme d'un autogouvernement populaire, avec ses assemblées et ses conseils élus, tels les « Conseils de bon gouvernement » qui, depuis 2003, fédèrent plusieurs communes autonomes et rendent leur propre justice. L'expérience montre qu'il faut des instances et des règles partagées pour faire vivre le commun. Mais aussi une grande attention à la déspécialisation des tâches et à la révocabilité des mandats, aux allers et retours entre assemblées et conseils, à la non-dissociation des univers de vie entre ceux qui assument des charges temporaires et les communautés dont ils font partie. L'autonomie zapatiste rompt ainsi avec le modèle classique de la révolution, guidée par une avant-garde éclairée et faisant de l'État le levier de la transformation. Au contraire, c'est à partir d'une dignité partagée par toutes et tous – à partir aussi de l'attachement à des formes de vie autodéterminées – que se déploie la capacité collective à s'organiser par soi-même.

Ainsi conçue, l'autonomie n'est pas la liberté des modernes, pensée dans le déni des interdépendances. Elle œuvre à rebours de l'individu atomisé et dissocié du maillage relationnel qui rend son existence possible. Elle se déploie dans la pleine reconnaissance des entrelacements interspécifiques sans lesquels aucune vie, humaine ou non humaine, ne peut prospérer. Il faut donc à la fois récuser l'hétéronomie (le fait que des puissances oppressives nous imposent des règles de vie) et accepter la dimension hétéro-*trophe* de l'autonomie (soit ce par quoi on *se nourrit* des relations à autrui).

L'autonomie n'est pas non plus l'autarcie. Elle s'ancre dans les lieux que l'on habite, dans les expériences situées. Mais cette nécessaire localisation n'implique ni enfermement localiste ni repli identitaire. Du reste, il serait illusoire de concevoir les espaces autonomes comme des refuges douillets permettant de vivre à l'écart de la catastrophe. Pour les zapatistes, ils sont plutôt des points d'appui dans la guerre contre l'hydre capitaliste. Et si, dans la dynamique des Soulèvements de la Terre, la territorialisation des luttes est indispensable, il s'agit aussi de relier les combats locaux, pour démultiplier les énergies collectives et engager un basculement écologique et politique radical.

Dans la démarche de l'autonomie qui émerge là-bas comme ici, *lutter contre* et *œuvrer pour* sont indissociables. Construire sans résister serait aussi vain que résister sans construire serait stérile. D'un côté, une nécessité vitale absolue impose de tirer le frein d'urgence, par la combinaison de diverses stratégies de blocage des rouages du monde de l'Économie. De l'autre, il s'agit de multiplier les espaces libérés qui sont autant de mondes émergents et autant de gages de futurs désirables, alliant suffisance matérielle et plénitude créative, vie digne pour toutes et tous et préservation de l'habitabilité de la Terre. Articuler la multiplicité inhérente au foisonnement des expériences d'autonomie et la reconnaissance d'un commun planétaire qui en est la condition est ce que l'on peut entendre dans l'aspiration zapatiste à « un monde où il y ait place pour de nombreux mondes ».

Jérôme Baschet

➡ Voir aussi Internationalisme, Subsistance, ZAD

# BASE ARRIÈRE

## Diffusons le soin dans nos luttes !

Lors de la manifestation du 25 mars à Sainte-Soline, afin de nous organiser face à la répression politique, judiciaire et policière et mieux vivre ensemble dans nos luttes, nos forces militantes ont expérimenté l'élaboration collective d'une Base arrière centrée sur le soin. Elle est née du terreau des expériences communes et de rencontres autour de moments de luttes, en particulier contre les mégabassines.

La Base arrière est en lien et travaille en collaboration avec l'organisation générale. Elle cherche à réfléchir à la vie collective tant autour que pendant l'action, dans un souci d'inclusion. La répression isole et individualise, c'est pour cela qu'il nous semble essentiel de lui opposer une réponse collective de soin : de nous, de nos pratiques, de nos collectifs et de nos relations.

Nous ne voulons pas assigner le soin à des entités spécialisées mais construire une pratique collective du soin dans nos luttes. La façon dont nous vivons les situations de répression est propre à chacun·e. Cela peut amener à individualiser nos vécus et à nous isoler. Dès lors, la transversalité du soin dans nos espaces nous permet de réinscrire nos vécus individuels dans un contexte politique et collectif.

Concrètement, la Base arrière s'est déployée pour la première fois sous cette forme à l'occasion du week-end d'action du 25 mars : avant, pendant et après la mobilisation. Elle est incarnée par différents collectifs : la Legal Team[1] ; le Riot Fights Sexism[2] (RFS) afin de lutter contre les violences sexistes et sexuelles ; l'équipe médic assurant le soin sur le camp mais aussi durant la manifestation ; le soutien psycho-émotionnel permettant des espaces de respiration, la mise en place d'écoute active et de suivi ; la garderie afin d'accueillir des enfants durant les temps de manifestation et de permettre aux parents d'y participer sans faire prendre de risque à leurs enfants et le pôle handidévalidiste[3] (PHD) pour penser des espaces plus accessibles et sensibiliser au validisme.

Si la Base arrière est composite, elle se veut aussi une continuité autour de l'événement sous diverses formes telles que :

1. Équipe qui organise l'autodéfense juridique et diffuse des pratiques de sécurité.

2. Dispositif de veille et de maraude antisexistes pour collectivement prévenir et réagir face aux violences sexistes et sexuelles.

3. Groupe qui prête une attention particulière à l'accessibilité et à l'inclusion des personnes porteuses de handicap.

– en amont : les conseils du livret et les briefs en ligne ;

– durant la mobilisation : l'infokiosque et l'accueil, les affichages de sensibilisation RFS et PHD sur campement, la préparation d'espaces calmes, la présence de la plupart des pôles qui étaient à la fois dans les cortèges et sur lignes d'écoute, une régulation médicale avec une ambulance et une infirmerie de terrain, le lien avec les avocat·es et les proches des gardé·es à vue, l'animation avec les enfants et un sas psy au retour des parents, l'infirmerie psy, les maraudes RFS pendant les festivités ;

– après : le suivi des blessé·es et de leurs proches, l'interface d'écoute et de soutien psy et émotionnel, l'accompagnement des éventuelles suites juridiques.

Personne n'aurait pu se préparer à la répression telle qu'elle s'est abattue le 25 mars, mais nous avons ensemble tenté d'apporter l'aide et le soutien que nous pouvions, sur le plan médical, juridique et psychologique. Nous sommes fier·es de ce que nous avons accompli ; nous avons aussi la volonté d'approfondir ensemble ce qu'est la transversalité du soin, son inclusivité, de nous interroger sur notre fonctionnement.

Cette expérience s'inscrit dans un mouvement d'intégration du soin dans les luttes qui fleurit depuis quelques années. D'autres bases arrière se sont déjà organisées sur divers territoires depuis le 25 mars 2023 et nous savons que cela va continuer : que ces différentes expérimentations viennent se nourrir mutuellement pour donner encore plus de puissance à nos luttes.

La Base arrière du 25 mars

➡ Voir aussi Cantines en lutte, Soin, Subsistance

# BÉTON

Le béton est le matériau de construction le plus utilisé au monde. Il est composé de granulats, de sable, d'eau et de ciment. Avec de l'acier, le béton devient armé. Ce qui a permis la construction des plus grands ponts, tunnels, tours et métropoles. Routes et aéroports sont formés de sa matière, imperméabilisant par ailleurs totalement les sols. La bétonisation, symbole de la croissance économique est aussi une arme du pouvoir politique qui utilise nos terres pour créer du capital.

De l'extraction du sable, deuxième ressource naturelle prélevée après l'eau, à sa production et mise en œuvre, le béton ravage tout sur son passage. Il représente à lui seul plus de 8 % des émissions de $CO_2$ mondiales. Il participe à l'artificialisation des sols qui engloutit chaque année en France plus de 50 000 hectares de terres. Derrière le béton, l'industrie du BTP, qui représente plus de 39 % des émissions mondiales de $CO_2$, concentre et cumule ce que le capitalisme a de plus toxique.

Face aux effets dévastateurs de cette industrie, aux prises de terres de l'aménagement et de la métropolisation, les Soulèvements de la Terre ont fait de la bétonisation et de l'artificialisation des sols un des axes principaux de leur lutte. D'une part, en occupant, cultivant, restaurant des terres agricoles ou urbaines menacées et, d'autre part, en dénonçant, bloquant et désarmant les bétonneurs.

L'extraction du sable se fait au fond des océans, des rivières, ou dans des carrières entraînant la disparition de nos plages, précipitant l'érosion et ravageant nos terres et fonds marins. La lutte du sable a retenti plusieurs fois en 2021, 2022 et juin 2023 lors de mobilisations avec l'association La Tête dans le sable, à Saint-Colomban, pour lutter contre l'extension de plus de 70 hectares des carrières Lafarge et GSM. Projet destructeur qui menace d'anéantir le bocage et d'affecter les nappes phréatiques au profit du béton et du maraîchage industriel.

L'entreprise Lafarge Holcim, mise en examen pour complicité de crimes contre l'humanité et condamnée en 2022 pour avoir soutenu financièrement l'État islamique, représente tous les scandales de l'industrie : pollutions massives, arrêtés préfectoraux pour poursuivre ses exploitations, rachat par une entreprise suisse pour redorer son image…

Depuis la campagne Fin de chantiers par Extinction Rebellion en 2019, visant les cimenteries et centrales à béton, ces sites sont devenus des cibles récurrentes des luttes écologistes. En juin 2021, les Soulèvements de la Terre et Extinction Rébellion ont permis de visibiliser les ravages de la chaîne de production du béton en Île-de-France. Le Grand Péril Express, action de blocage et de désarmement de trois centrales à béton et d'une cimenterie au port de Gennevilliers, a mis à l'arrêt les sites pendant plusieurs semaines. Cette action incroyable a pris la forme d'une occupation de deux jours sur ces quatre sites. Elle a permis de redécorer entièrement les murs des bâtiments et les machines, de cimenter les moteurs et les rails qui approvisionnent les sites, de couper les alimentations électriques, de vider les stocks… Les projecteurs ont été mis sur l'ampleur du ravage de la bétonisation du Grand Paris qui, en plus de détruire des milliers d'hectares de terres fertiles, a nécessité une hausse délirante de la production de béton.

En novembre 2022, la liste des cinquante sites les plus polluants de France a été divulguée : elle compte dix-sept cimenteries. Au lendemain de cette annonce, une action spectaculaire a ciblé la cimenterie Lafarge Holcim de Bouc-Bel-Air par 200 activistes qui ont procédé à son désarmement. Une fois encore, un site teinté de scandales, dont celui de la pollution de l'air, où ont été brûlés des milliers de pneus pour alimenter ses fours. La dernière action en date par Youth for Climate et Extinction Rebellion à Lyon en mars 2023 a ciblé l'entreprise Béton lyonnais qui exerce illégalement son activité et est accusée de pollution des sols et de l'eau depuis plus de vingt ans.

Cibler les bétonneurs permet de visibiliser les scandales et ravages de toute la chaîne de l'industrie de la construction. Aujourd'hui, les géants du BTP utilisent l'argumentaire du greenwashing à coups de béton « bas carbone » ou « recyclé » pour poursuivre leurs activités. L'État acquiesce face aux lobbies et profite des marchés, pendant que la rénovation et les alternatives constructives restent des options marginales alors qu'elles devraient être la norme. La multiplication de ces actions de blocage et de désarmement démontre que la lutte contre les bétonneurs ne fait que commencer.

Lea Hobson

➡ Voir aussi Désarmement, Prises de terres, Youth for Climate

# BLESSURE

## Témoignage de Sainte-Soline

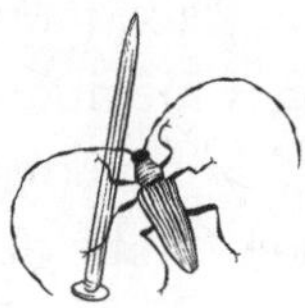

D'un côté, des agents qui ont oublié leur humanité, tirant au LBD un sourire aux lèvres ou plaisantant sur le nombre de grenades tirées. Un chef, appelé colonel, qui leur demande s'iels sont « motivé·es » et qui nous qualifie d'« adversaires ». Comme dans un jeu.

En face, une foule de personnes de tous âges qui, pour certain·es, ne pensent qu'à cette journée depuis des jours, se préparant à une violence annoncée en amont par le gouvernement. Des personnes bien peu armées et trop peu protégées, risquant leurs vies pour celles de leur génération et des générations à venir, avançant à corps découvert face à une violence sans nom. Des personnes qui tombent au sol, qui ne bougent plus, partout, des explosions. Des membres tailladés, des visages fracassés, des organes détruits. Des vies en suspens, sans certitudes quant à l'avenir ; voilà ce que l'État donne comme réponse à une urgence, à une simple volonté de vivre et de préserver le vivant.

Je parle dans ce texte de Sainte-Soline, car il s'agit de ce que j'ai vu le 25 mars, mais je pense à toutes les autres occasions où policier·es et gendarmes mutilent lycéen·nes, jeunes de quartiers populaires, manifestant·es de tous horizons et autres personnes ne se reconnaissant pas dans cette liste mais s'étant trouvées sur leurs chemins.

Moi, 19 ans, j'ai reçu une grenade tirée par un flic en plein visage, provoquant la fracture totale de quatre de mes os. Peut-être que je ne devrais pas, mais je m'émerveille de la chance que j'ai eue : j'ai mes deux yeux, mon cerveau ne semble pas avoir été touché et mes membres sont quasi intacts ; je suis en vie. Quelques centimètres et quelques secondes, le temps que la grenade tombe au sol avant d'exploser ; voilà ce à quoi je dois ma vie. Voilà ce que j'ai risqué pour le simple fait de refuser un système qui s'écroule et qui condamne nos avenirs.

Les blessures, traumas et vies mises en danger rendent visibles et matérialisent une violence d'État, une violence banalisée car devenue quotidienne. À des mouvements on impose dissolution, à un éveil on impose manipulation médiatique et mensonges politiques. À des rassemblements on impose barrages et gaz, à des victimes on impose des accusations, à des convictions, à la moindre contestation, on oppose grenades et balles.

Si leur objectif est de dissuader, de punir et/ou de briser les forces de plusieurs générations qui se soulèvent, alors j'ai le plaisir de leur annoncer que cela ne fonctionne pas. Il appartient à chaque personne heurtée d'une manière ou d'une autre de s'exprimer, ou non, sur son ressenti, et je ne peux parler qu'en mon nom, car j'ai la chance de pouvoir encore le faire, et parce que j'ai la chance d'aller bien ; mais, si par votre faute, j'aurai toujours le sourire de travers, vous ne m'empêcherez pas de rire. Si un os de mon visage sera toujours enfoncé, vous ne m'empêcherez pas de vous tenir tête. Si j'ai, pendant plusieurs semaines, dû garder les dents serrées, vous ne m'empêcherez pas de parler. Si avec nos vies vous jouez, l'histoire vous le fera payer.

Encore une fois, ce n'est pas en mutilant des gamin·es et des manifestant·es qu'on étouffe un soulèvement ; mais c'est bien plutôt comme ça qu'on attise une révolte.

Certains instants restent gravés dans nos corps et dans nos têtes ; pour certain·es c'est long de s'en remettre, d'autres gardent des séquelles toute leur vie. Je crois que, même si elles ne devraient pas et n'auraient jamais dû exister, nous avons le droit d'être fièr·es de ces marques. Elles sont la preuve que nous sommes resté·es droit·es, que nous nous battons pour le juste ; pour la vie. Elles attestent que la violence ne vient pas de nous, mais bien parce que nous refusons la violence d'un État. Parce que nous refusons la violence d'un gouvernement et d'un système qui piétinent nos présents et condamnent nos avenirs, nous nous prenons de plein fouet la violence d'une institution et de ses agents asservis et soumis à un pouvoir illégitime, tenu par les mains d'une poignée de privilégiés ne servant que leurs propres intérêts. Si nous étions des personnes avides de violence comme certain·es cherchent à le faire croire, nous ne nous mettrions pas face aux personnes les mieux armées et protégées, tant physiquement que juridiquement, du pays. Il semblerait que celleux qui ont ça dans le sang en fassent un métier.

Nous sommes trop nombreu·ses à être ou à avoir été blessé·es, mais nous sommes bien plus nombreu·ses que cela à défendre un autre monde, à avoir été présent·es dans toutes les luttes victorieuses et à continuer à être mobilisé·es aujourd'hui, malgré une répression connaissant de moins en moins de limites.

De plus en plus nombreu·ses, de plus en plus organisé·es, de plus en plus déterminé·es, nous touchons du bout du doigt cet autre monde pour lequel on se bat. Cet autre monde qui existe déjà, cet autre monde que nous faisons vivre par la force de nos liens et par la pertinence de nos modèles.

*On ne dissout pas un soulèvement,*
*On ne muselle pas une foule toujours plus grande,*
*On ne triomphe pas quand on est l'assassin.*
*Ils ne viendront pas à bout de ce que nous sommes.*

Alix F.

➡ Voir aussi Base arrière, Soin, Violence et contre-violence

# CANTINES EN LUTTE

## La recette

Pas besoin d'être des professionnels pour s'organiser et nourrir les mobilisations. Depuis septembre 2021, des cantines du Grand Ouest participent à la dynamique des Soulèvements de la Terre, en partageant leur matériel et leurs forces à l'occasion de rassemblements contre des grands projets inutiles et imposés. En plus d'avoir relevé le défi de nourrir plusieurs milliers de personnes matin, midi et soir chaque fois qu'il le fallait, les cantines prennent part de l'intérieur aux luttes paysannes et écologistes en cours. Plutôt que d'agir comme de simples prestataires de services, les cantines ont fait le choix de s'organiser collectivement contre le modèle agro-industriel : nourrir un mouvement, c'est aussi le faire subsister. Mais quelle est la recette magique ? Une grande envie de faire ensemble, beaucoup de détermination et un soupçon d'anticipation sont la clé du succès. Au sein du mouvement contre la réforme des retraites, dans les lieux occupés, dans les campagnes menacées, nous sommes partout et nous continuerons de ravitailler les luttes, car nous avons faim de mondes. Attention, une fois lancée, cette recette ne peut plus être dissoute.

**Recette pour préparer une cantine**

*C'est pas de la tarte*

**Pour** : Plusieurs milliers de manifestants.
**Temps de préparation** : Quelques mois pour apprendre à se rencontrer, se coordonner entre collectifs, établir menus et recettes… Attention à garder de l'énergie pour le moment T, il faudra assurer les jours de cuisine qui s'enchaînent.
**Ingrédients** :
– Des tonnes de légumes locaux
– 600 kg de légumineuses sèches
– 80 cuisinières et cuisiniers qui veillent à la cuisson du repas, même pendant la manifestation.
**Ustensiles** :
– Communiser les cuillères, couteaux, fourchettes et assiettes de plusieurs collectifs du Grand Ouest
– Un chapiteau pour se protéger des intempéries (prêté par la Mutmat – collectif qui mutualise du matériel événementiel à destination de moments de lutte)
– Des gamelles de 100 l et même plus
– Des cuillères en bois d'une taille adaptée (1,50 m environ)
– Des mégabassines pour la mégavaisselle.

*Note du chef : Cette recette peut être réalisée sans accès à l'eau ni à l'électricité, si vous avez un moulin de courage et quelques sacs d'épices « logistiques » bien corsées comme ce fut le cas les 29 et 30 octobre 2022 à Sainte-Soline.*

**Préparation**

Pour bien commencer, porter à ébullition les cantiniers et cantinières dans une assemblée générale, afin d'organiser la journée de cuisine. Qui va préparer du café en continu ? Qui va cuire le mafé végétalien ? Qui va organiser la découpe des 500 kg d'oignons ? Lorsque ça bout, penser aussi à former une équipe vaisselle de choc ainsi qu'une équipe « goûter ». Cette équipe, une fois bien émulsionnée, prendra part à la manifestation et ravitaillera les manifestant·es au cœur de l'action, pour permettre à tout le monde de reprendre des forces et ainsi de continuer à marcher contre des projets écocidaires. Les gâteaux bien sucrés auront été façonnés en amont par des boulangers et boulangères mobiles engagées. Laisser la sauce s'épaissir, il y a fort à parier qu'avec le temps de plus en plus de personnes se soulèveront face à l'absurdité du monde.

Pendant ce temps-là, lancer avec entrain un atelier épluchage de légumes. Ces derniers auront été récupérés ou achetés au sein d'un réseau de paysans camarades en lutte contre l'agro-industrie et son monde. Des « petites mains » volontaires seront les bienvenues pour cette étape conviviale, autour d'une table, où les discussions iront bon train. Ajouter un peu de matière grasse et vous entendrez alors des histoires bien assaisonnées : une remarquable esquive du dispositif policier, l'ouverture d'un squat à Paris, une reprise de terres dans la Creuse…

Réserver les préparations puis, dans la foulée, lancer la cuisson des légumes. Pour cela, il vous faudra de très grandes marmites, acheminées par des collectifs bien équipés, puis communisées pour l'occasion. Armé·es de grandes cuillères à touiller, des cantiniers et cantinières veilleront à la cuisson pendant plusieurs heures. C'est le moment pour se transmettre des savoirs culinaires et des histoires de cantines militantes. Ça ne date pas d'hier de lutter contre l'accaparement de l'eau et l'artificialisation des sols. De l'antinucléaire aux contre-sommets, cantiner ensemble est un acte partisan.
Saler et poivrer.
Maintenant c'est prêt, il faut se préparer à servir des milliers de personnes avant que ça refroidisse !
Réitérer l'opération autant de fois que possible. À chaque dalle de béton coulée, à chaque ruisseau asséché, des cantines seront mobilisées.

> *Contre la vision du monde et de la vie que ce gouvernement incarne, contre la destruction du vivant, l'accaparement de l'eau, contre le report de l'âge du départ à la retraite, contre les mutilations parfois fatales qu'ils infligent depuis trop longtemps à toutes celles et ceux qui se révoltent, mettons les bouchées doubles !*

Des cantinières et cantiniers de l'Ouest

➡ Voir aussi Base arrière, Paysannes et paysans, Subsistance

# COMMUNE

Une foule en mouvement de 30 000 têtes en pleine campagne est un spectacle étrange. Le nombre de personnes à Sainte-Soline a décuplé par rapport à la manifestation contre une mégabassine à laquelle j'avais participé une petite année plus tôt. Celui de celles de mon âge et plus âgées que j'ai rencontrées pendant la longue marche vers et depuis la bassine m'a fait comprendre pour la première fois pourquoi Macron est si déterminé à retarder l'âge de la retraite.

La dernière fois qu'autant de personnes se sont levées et déplacées de toute la France pour se réunir dans ce que les citadins ont tendance à appeler le « milieu de nulle part » à la campagne, c'était, je crois, il y a cinquante ans pour soutenir les éleveurs de moutons sur le Larzac. À la même époque, à l'autre bout du monde, un grand nombre d'étudiants japonais se déplaçaient régulièrement depuis Tokyo à la campagne pour aider les paysans qui essayaient d'empêcher que leurs terres ne soient transformées en ce qu'ils appelaient une « passerelle vers le vide » : l'aéroport de Narita. Et à peu près à la même époque, Henri Lefebvre faisait une observation intéressante. Il pensait qu'il est dans la nature des luttes écologiques à propos de la terre – de ses usages, de sa défense – de créer des alliances très improbables, des alliances qui transcendent l'identité, et même l'idéologie. Ce sont des batailles qui réunissent des personnes très diverses. Elles ont pour effet de produire une forme de solidarité dans la diversité extrême qui, je crois, est née avec la ZAD de Notre-Dame-des-Landes et qui représente un investissement massif dans l'organisation de la vie en commun, sans ces exclusions au nom de l'idéologie ou de l'identité qu'on a trop connues dans le passé. Dans le cas des Soulèvements de la Terre, les trois principales composantes du mouvement – paysans et syndicalistes de la Confédération paysanne, jeunes militants du climat, autonomes –, sont tout aussi variées. Par leur souplesse et leur respect mutuel, par un sens clair de l'ennemi partagé, et surtout par des gestes de coopération répétés, elles parviennent à constituer un front commun.

Les Soulèvements de la Terre sont un mouvement que n'importe qui peut rejoindre. Ce n'est pas un parti politique. Ce n'est pas une classe sociale. Ce n'est pas générationnel. Et pourtant, c'est très organisé. Ses activités sont hautement publiques et populaires et comprennent la divulgation aux urbains des crimes perpétrés dans les campagnes par ce syndicat du crime écologique, la FNSEA, parmi d'autres.

C'est la forme même du mouvement qui m'intéresse et qui, pour moi, évoque une variation ancienne de celle de la commune, retravaillée et rendue disponible pour affronter les nouvelles conditions sociales, économiques et écologiques du présent. La forme-commune est une manière de faire vivre les communs, qui éclôt quand l'État se retire. Les communes sont toujours aussi marquées par le pragmatisme qu'elles sont ancrées dans une situation locale. Elles se confrontent aux conditions du présent en se servant de façon créative des ressources du passé. Mais là où la commune ancienne était liée à la défense de son site régional particulier, le mode contemporain se manifeste dans de nombreux territoires qui se trouvent ainsi fédérés par les actions des Soulèvements de la Terre. Ces actions s'appuient sur des lieux concrets, sur les besoins spécifiques et les formes de vie de leurs habitants. Étant dans le même temps une lutte et un mode de vie, la forme-commune aborde la vie quotidienne en commun de façon immédiate et concrète. En tant que telle, c'est une lutte qui contient déjà des éléments d'une vie au-delà de la société capitaliste. C'est bien la forme des Soulèvements de la Terre, ainsi que son succès réel dans le domaine de l'éducation politique, qui à mon avis suscite le degré élevé de panique parmi les élites dont nous avons été témoins à Sainte-Soline et dans ses vies ultérieures.

Kristin Ross

➡ Voir aussi Joie, Composition, Autonomie

# COMPOSITION

*Composition*, nous préférons ce mot aux métaphores militaires : « alliances », « front ». Celles-ci évoquent des unions utilitaristes où chaque fraction reste campée sur sa position. La « composition », c'est bien plus qu'une jonction éphémère contre un ennemi commun qui tient lieu de figure unificatrice. Les luttes sociales actuelles sont réglées par le rythme de l'« intersyndicale ». L'écologie institutionnelle est structurée autour d'initiatives « inter-orga ».

Ce vocabulaire diplomatique souligne le caractère bureaucratique de ces alliances. Des grosses machines se rassemblent, mais semblent le plus souvent additionner leurs inerties. Fondées sur l'unanimité entre les parties, ces coalitions finissent hélas bien souvent par privilégier leur maintien à la dynamique réelle du mouvement. Or la composition, c'est tout autre chose.

En mécanique, on parle de « composition de forces, de vitesses, de mouvements ». En imprimerie, on parle d'« assemblage de caractères ». Mais le plus inspirant, c'est résolument la *composition musicale*, qui exige un sens de l'harmonie, de l'orchestration et des contrastes. Mais comment définir la « composition » au sens politique ? Disons avec Gilles Deleuze qu'elle est « cette étrange unité qui ne se dit que du multiple ». Ce n'est ni l'unité superficielle de l'alliance, ni l'intégration homogénéisante à un bloc qui efface les singularités et les contradictions.

Dès l'origine, les Soulèvements de la Terre furent une dynamique de composition. À l'hiver 2021, des forces *a priori* étrangères les unes aux autres se sont assemblées. Ce mouvement est une polyphonie où se mêlent :

– de jeunes activistes pour le climat, lassés des marches pacifiques et des coups d'éclat éphémères, qui cherchent une prise concrète et durable sur la catastrophe climatique ;

– des habitant·es en lutte, organisé·es localement pour défendre leur territoire menacé par un projet d'infrastructure, qui mènent des recours juridiques et des actions directes, mais qui voient plus loin que le bout de leur jardin ;

– des paysan·nes, syndiqué·es ou pas, désireux de renouer avec l'héritage du mouvement des paysans-travailleurs, avec l'époque où la Confédération paysanne était la cheville ouvrière de l'altermondialisme et qui veulent reconstruire un rapport de force sur les questions foncières en sortant du corporatisme ;

– des habitant·es de ZAD qui ont compris que l'occupation était un levier puissant, mais pas une recette miracle, et qui souhaitent prolonger la composition victorieuse contre tel ou tel projet pour insuffler un rapport de force à l'échelle nationale ;

– des partisan·es de l'autonomie politique animé·es par la volonté de s'organiser depuis un entrelacs de complicités par-delà l'entre-soi radical, de déborder le strict cadre de la manifestation urbaine et de diffuser des pratiques offensives et des perspectives révolutionnaires.

À ces forces initialement engagées, s'agrège peu à peu une multiplicité de groupes et d'organisations. Quoi de commun *a priori* entre ces forces ? Pas grand-chose, si l'on raisonne en termes d'identité et d'échelle. S'il avait fallu les réunir sur la base d'un accord politique et théorique préalable, elles se seraient entre-déchirées sur des questions aussi fondamentales que le rôle de l'État, l'exercice de la violence politique, l'analyse des causes de la catastrophe écologique, la question démocratique… Si elles composent ensemble, c'est d'abord depuis un constat stratégique partagé et un terrain d'action commun. La nécessité de relier les luttes contre l'accaparement des terres et de l'eau par le complexe agro-industriel et celles contre la voracité de métropoles qui déversent sur le monde un flot continu de béton. La nécessité de multiplier partout en France des actions de blocages, de désarmement et d'occupations pour instaurer un rapport de force en défense de la Terre.

Chaque force prise isolément fait face à sa propre impasse : frénésie activiste, localisme, cogestion syndicale, fétichisme de l'émeute, etc. Mais parce que ces forces jouent ensemble, des déplacements et des dépassements adviennent. Elles le font sans chercher à se convaincre ou se convertir, mais dans l'écoute attentive, depuis une sensibilité au diapason. Parfois, des voix se mettent en sourdine, laissent de l'espace à celles qui jouent fortissimo, avant de reprendre en chœur. Les voix des Soulèvements s'efforcent toujours d'éviter la cacophonie des dissociations et des oppositions binaires par un art subtil des accords et des arrangements. Elles éprouvent ainsi l'harmonie des dissonances, comme la note bleue dans le jazz.

Le devenir de ce processus de composition à l'œuvre dans les Soulèvements, c'est peut-être une forme de créolisation politique. C'est-à-dire la construction hybride d'un langage commun et d'une culture nouvelle qui transcendent différentes sensibilités politiques, sans pour autant les fondre et les confondre, et qui dans son sillage laisse une trace indélébile.

> *Les langues créoles sont des traces frayées dans la baille de la Caraïbe ou de l'océan Indien. La musique jazz est une trace recomposée qui a couru le monde.*
>
> Édouard Glissant

Blue Monk

➡ Voir aussi Commune, Queer, Vivant

# DÉSARMEMENT

En 1975, le dynamitage de la pompe du circuit hydraulique de la centrale de Fessenheim alors en construction, mené entre autres par la pionnière écoféministe Françoise d'Eaubonne, marque l'irruption du sabotage dès les prémices du mouvement écologiste en France. La même année paraît, de l'autre côté de l'Atlantique, *Le Gang de la clé à molette* d'Edward Abbey. Ce roman initiatique narre comment un groupe d'américain·es insoupçonnables, amoureux·ses de leurs grands espaces, s'organisent discrètement pour détruire des bulldozers ou faire sauter un barrage. Par-delà certains penchants politiques douteux, il ouvre la voie à la pratique aussi populaire que malicieuse de l'écosabotage, dont les mille et une techniques seront synthétisées dix ans plus tard dans le fameux guide *Ecodefense*.

Depuis lors, en petits groupes nocturnes ou en foules diurnes, dans les champs d'OGM et les ZAD, des élans d'arrachage, déboulonnage, crevaisons et autres feux de joie ont toujours accompagné les grandes mobilisations écologistes. L'efficacité immédiate de ces multiples gestes leur a valu d'être la cible de constants efforts de criminalisation et d'une labellisation au forceps dans la catégorie des actions « violentes » et pourquoi pas « terroristes ».

Alors qu'à l'aube des années 2020, de nouvelles formes de résistance se cherchent dans le sillage des marches pour le climat, le sabotage pâtit d'une réputation sulfureuse, aussi risquée que marginale. Et les premières actions de Youth For Climate ou d'Extinction Rebellion s'orientent souvent vers des démarches plus symboliques ou se contentent de blocages temporaires, censés leur assurer un appui plus sûr dans l'opinion publique. Pourtant, l'urgence climatique d'un côté, et de l'autre, la capacité de multinationales comme Lafarge à étouffer les occupations successives de leurs sites, pousse à intensifier la pression.

C'est dans ce contexte qu'une nouvelle génération de militant·es, faute d'avoir été prise en compte par leurs gouvernements, se penche avec attention sur les propositions du géographe suédois Andreas Malm, dans son bréviaire *Comment saboter un pipeline*[1] : « Une raffinerie privée d'électricité, une excavatrice en pièces : saborder des biens n'est pas impossible après tout. La propriété n'est pas au-dessus de la terre : il n'y a pas de loi technique, naturelle ou divine qui la rende inviolable dans la situation actuelle. »

1. Andreas Malm, *Comment saboter un pipeline*, La Fabrique, 2020.

## DÉSARMEMENT

Le mardi 29 juin 2021, le terme de « désarmement » est revendiqué à l'issue d'une occupation simultanée de quatre cimenteries Lafarge lancée par les Soulèvements de la Terre et Extinction Rebellion. Des centaines d'occupant·es ne se sont pas contenté·es de bloquer le site mais revendiquent cette fois avoir neutralisé les matériaux, inondé ou bétonné des machines, ensablé des réservoirs d'engins afin de maintenir les sites à l'arrêt après leur départ : « Lafarge et ses complices n'entendent rien à la colère des générations qu'ils laissent sans avenir dans un monde ravagé par leurs méfaits. Leurs silos et malaxeuses sont des armes qui nous tuent. Ils ne cesseront pas sans qu'on les y force. Nous allons donc continuer à démanteler ces infrastructures du désastre nous-mêmes. Nous appelons toutes celles et ceux qui se soulèvent pour la terre à occuper, bloquer et désarmer le béton. »

Par rapport au terme de « sabotage », celui de « désarmement » offre l'avantage d'expliciter directement la portée éthique du geste et la nature des cibles, de relier la fin et les moyens. Tandis que le sabotage renvoie dans le Code pénal à la « destruction d'infrastructures vitales pour le pays », le désarmement vise des infrastructures toxiques et destructrices. Il relève de la légitime défense, d'une nécessité vitale face à la catastrophe.

Quelques mois plus tard, le porte-parole de Bassines Non Merci annonce au milieu d'un chantier à côté d'un tractopelle démembré que « pour une bassine de construite, il y en aura trois de détruites ». Cet appel sera immédiatement suivi de faits. Dans sa forme la plus collective, avec 3 000 personnes qui découpent peu après une bassine à coups de cutter tandis que la Confédération paysanne en démonte la pompe. En catimini, par des groupes aux noms fleuris comme le Gang du cutter à roulettes ou les Fremens du Marais poitevin, qui désarmeront douze autres bassines avec tuto vidéo à l'appui. Tou·tes font ainsi monter d'un bon cran la pression sur les irrigants, les coûts de sécurisation et les doutes sur la viabilité de ces infrastructures.

Tandis que le « désarmement » est désormais fréquemment invoqué pour caractériser des interventions sur diverses autres cibles, les renseignements généraux s'affolent du rôle joué par les Soulèvements de la Terre dans la « diffusion et l'acceptation de modes opératoires plus offensifs » et dans la bascule de « militants habituellement adeptes d'actions de désobéissance civile vers la résistance civile ». La procédure de dissolution vient alors tenter d'endiguer une hypothèse politique qui menace de se concrétiser : le désarmement sera aux révoltes écologistes du XXI^e^ siècle ce que le sabotage, théorisé par Pouget, fut à certaines grandes grèves ouvrières du début du XX^e^, un prérequis autant qu'une colonne vertébrale.

Lotta Nouqui

➡ Voir aussi Résistance, Luddisme, Violence et contre-violence

# ÉCOFÉMINISTES

Elles ont repoussé le désert. Elles ont encerclé le Pentagone. Elles ont manifesté à Standing Rock. Elles ont saboté des centrales nucléaires en construction. Elles ont cultivé des semences paysannes et fauché des OGM. Elles ont cousu des guirlandes chamarrées qu'elles ont accrochées dans la forêt. Elles ont créé des revues et écrit des manifestes. Elles ont percé les lignes et soigné les blessés. Elles ont dansé sur les cendres du monde, écouté le cri de la chevêche, résisté, combattu, guéri, aimé.

La nature, si elle pouvait parler, nous dirait peut-être : « Je suis les femmes qui se défendent » ; pour survivre d'abord – aux délires mortifères de l'appropriation capitaliste ; pour s'épanouir ensuite, exprimer sa créativité, laisser jaillir sa puissance, infuser le monde de toutes les formes sauvages que le patriarcat a fait taire à force de contrôle et de domestication.

L'écoféminisme n'est pas une théorie, pas un mouvement, pas une section dans un emboîtement de luttes.

C'est une bannière bigarrée sous laquelle on peut tout aussi bien s'aimer nues dans l'humus que rédiger des traités de philosophie. Les écoféministes ne sont pas unanimes. Elles débattent et s'interrogent : sur l'importance relative de la théorie et de l'engagement ; sur la métaphysique et la place de la spiritualité dans leurs luttes ; sur les biais culturels qui les affectent et l'ethnocentrisme dont certaines restent tributaires ; sur leur histoire et leurs modèles ; sur les risques de reproduire les binarités ou les essentialismes toxiques qu'elles voulaient dépasser ; sur les priorités stratégiques qui devraient aiguiller leurs combats ; et sur toutes sortes d'autres sujets cruciaux ou anecdotiques.

Et pourtant, dans ce joyeux bazar de gestes et de paroles, se dessine une silhouette commune que toutes reconnaissent, celle d'un arbre ancestral et tortueux.

Ses racines sont profondes. Elles plongent dans la sombre histoire de l'oppression des femmes et de l'exploitation de la nature. Du sexocide des sorcières[1] aux assauts de la science moderne[2] qui, sous la plume de Francis Bacon, pensait « la nature comme une femme publique » et se donnait pour mission de « la mater, pénétrer ses secrets et l'enchaîner selon nos désirs », la modernité s'est construite sur une détestation commune des femmes et de la nature.

1. Françoise d'Eaubonne, *Le Sexocide des sorcières*, [1999], Au diable vauvert, 2023.

2. Carolyn Merchant, *La Mort de la nature. Les femmes, l'écologie et la révolution scientifique*, Wildproject, 2021.

Son tronc est large et puissant. Il déploie la critique minutieuse de ce que Val Pumwood appelle la « logique du dualisme[1] » : dominations croisées des humains sur la nature, des hommes sur les femmes, des Européens puis des Occidentaux sur les autres peuples, comme autant de facettes d'une même structure oppressive qui se soutiennent et se renforcent mutuellement.

Ses branches sont nombreuses et indisciplinées[2]. Certaines s'élancent pleines d'audace dans le ciel de l'intersectionnalité ; d'autres sinuent et se relient dans des cercles magiques où rêver l'obscur[3] ; d'autres encore se lovent dans des communautés rurales non mixtes pour fertiliser autrement leurs propres fruits ; il en est même quelques-unes pour s'égarer dans les bosquets incertains d'un parti écolo-réformiste.

Bien haut sur cet arbre-monde niche la pie-grièche à poitrine rose, revenue de son long séjour hivernal au sud de l'Afrique ; dans ses branches s'ébrouent les nuées de hannetons ayant survécu au flot des pesticides ; en son creux se tapit l'ourse à l'abri des chasseurs ; à ses pieds le blaireau fouit le sol humide, se régalant de baies et de

1. Val Plumwood, *Feminism and the Mastery of Nature*, Routledge, 1993.

2. Voir par exemple la diversité de ces formes dans le recueil d'Émilie Hache (dir.), *Reclaim. Recueil de textes écoféministes*, Cambourakis, 2016.

3. Starhawk, *Rêver l'obscur. Femmes, magie et politique*, Cambourakis, 2016.

vers ; sur ses racines s'étale une mosaïque de champignons rares et de mousses entremêlés.

Et elles sont là, vivantes, puissantes, prêtes à se battre autrement, à déjouer la frontalité militaire que l'ordre phallocrate voudrait nous imposer. Face à la catastrophe écologique et au chaos climatique, de nouvelles formes de résistance et de lutte s'inventent. Dépassant la stricte dualité entre fins et moyens – qui trop souvent, dans l'engagement politique, enjoint aux sacrifices –, des expériences se déploient qui préfigurent déjà les mondes désirés. Il nous faut la joie tout de suite. Il nous faut, sans plus attendre, le soin, l'attention et la solidarité pour tout ce qui depuis trop longtemps ploit sous l'oppression anthropocentriste, patriarcale et raciste. Il nous faut la terre grasse des tourbières et l'eau vive des ruisseaux, le vol des martinets et la course du chevreuil. Il nous faut ce monde libre et sauvage qui peuple nos rêves, nos contes et nos mémoires.

Virginie Maris

➡ Voir aussi Terrestre, Résistance, Violence et contre-violence

# ÉTAT (TOUJOURS) COLONIAL

Il n'y a pas de « soulèvements de la terre » sans l'inclusion des siècles d'esclavage et de colonialisme qui posent les fondations d'un racisme environnemental avec leurs politiques d'extraction, de dépossession, de génocides, de déportation et d'exploitation, ravageant peuples et terres de manière jusque-là inégalée. Des terres sont dévastées, des mines ouvrent grand les veines de la planète, des forêts sont à jamais perdues, des savoirs sont pillés, des villes détruites, des trésors volés, des millions de personnes déportées en esclavage. Les disciplines d'histoire naturelle et de géographie imposent une hégémonie scientifique sur l'espèce humaine et les non-humains. La colonisation post-esclavagiste poursuit cette économie de l'épuisement des corps, des sols, des mers, et impose des codes de lois qui nient le droit à la terre et organise la censure de langues, cultures et pratiques. Des siècles de capitalisme racial, d'impérialisme et de leur inséparable complice, le militarisme, ont construit un monde inhabitable et irrespirable pour des millions de personnes dans le Sud global, mais aussi pour les espèces non humaines. Mais ce qu'Aimé Césaire avait saisi, l'« effet retour » des politiques coloniales, soit leur retour en Occident, fait apparaître l'inévitable expansion de la violence. Ce que l'Occident croyait pouvoir externaliser – guerres, répression brutale, déni des droits, dévastation, assignation à une mort prématurée – revient sur son sol. Et si révoltes, révolutions et insurrections sont pacifiées en offrant quelques bénéfices de l'extraction aux citoyen·nes de l'Occident, le voile se déchire et la paix armée qui garantit l'ordre capitaliste, patriarcal et impérialiste montre son vrai visage, celui d'un ordre étatique au service du néolibéralisme autoritaire.

Mais c'est toujours le Sud global qui en paie le prix fort. Des millions d'enfants y naissent avec des maladies respiratoires en plus grand nombre qu'au Nord ; plus de personnes y meurent d'air pollué que de toute autre cause ; les armées, les industries fossiles, de l'extraction, du commerce, du digital et de l'agrobusiness y contaminent corps, sols et sources d'eau pour des générations, et y déchargent, par tonnes, leurs déchets toxiques. Les catastrophes climatiques exacerbent ces inégalités structurelles et raciales. Les inondations au Pakistan, le tremblement de terre en Turquie, la pandémie du Covid-19 l'ont encore montré : les peuples du Sud global sont les premières victimes des intersections entre oppressions de race/classe/genre au cœur des crises climatiques et sanitaires. Et ce sont les femmes noires, autochtones, racialisées, les enfants, les non-valides, les trans, qui sont les plus touché·es. Les outils de surveillance et de répression – drones, murs, normalisation de la militarisation, politiques anti-réfugié·es – amplifient la banalisation de la mort des vies qui ne comptent pas, et l'État ne cesse d'élargir le champ de la criminalisation.

En France, sous la république, l'État colonial persiste. L'extraordinaire mobilisation à Sainte-Soline et l'incroyable déploiement de forces armées et leur brutalité ne doivent pas nous faire oublier les meurtres de jeunes Noir·es et de jeunes Arabes, la violence coloniale dans l'espace public, les enfants noir·es et racisé·es forcé·es de se mettre à genoux par des gardes mobiles, la stigmatisation des femmes voilées, l'islamophobie, le racisme structurel, la chasse aux refugié·es. L'industrie nucléaire « française » repose sur l'extraction de l'uranium au Niger, donc sur la pollution et la contamination ; l'industrie de la banane aux Antilles, sur l'empoisonnement, pour des générations, des corps, des sols et des rivières par le pesticide chlordécone. En Guyane, une ZAD autochtone s'opposant à la destruction d'une forêt sur une terre amérindienne est réprimée. À Mayotte, la Légion étrangère, installée depuis 1975, protège les intérêts impérialistes de l'industrie fossile (30 % du trafic pétrolier mondial passe par le canal du Mozambique). Sur cette île où l'eau manque, où la déforestation atteint le niveau le plus élevé de tous les départements de France, où un directeur de l'Agence régionale de la santé propose que l'hôpital offre la stérilisation à toutes les femmes, l'État français répond par des opérations militaires, la rafle, l'expulsion massive et la politique anti-migrant·es.

Dans la longue histoire des soulèvements de la terre – comme refus de l'extraction, de la dépossession, de l'exploitation et de la dévastation –, les politiques de libération des communautés marronnes, les maquis des luttes pour la libération nationale, les ZAD, de Standing Rock à Notre-Dame-des-Landes, toutes les communes, toutes les actions qui défient l'État capitaliste colonial-racial, incarnent ces coalitions qui agissent pour la protection de communs et mettent en pratique une urgence vitale.

Françoise Vergès

➡ Voir aussi Kapitalocène, Outre-mer, Indigène

# FONCIER

## Les accaparements en cours et comment les contrer

Le foncier, c'est la terre en relation avec les humains. C'est à la fois ce qui est fondamental et ce qui est un support. Il s'agit donc de la part de l'espace terrestre où les activités humaines se réalisent et se mêlent avec celles des autres qu'humains dans un maillage toujours plus dense et varié. Cependant, dans un monde dirigé par la prédation de certaines classes sur d'autres, cette relation des humains à la terre se distend. Dans certains endroits du globe, elle ne tient même plus qu'à un fil. Aujourd'hui en France, le nombre de vivants dans les champs est en chute libre. Plus d'un tiers des oiseaux spécialistes des milieux agricoles ont disparu en trente ans ; la part des travailleur·ses de la terre est passée de 31 % à 2,5 % de la population active depuis 1950[1].

1. Les chiffres cités sont repris des rapports sur l'état des terres en France de Terre de Liens 2022 et 2023, à la rédaction desquels l'auteur de ces lignes a collaboré.

Et la plupart d'entre elleux sont aliéné·es aux logiques agro-industrielles sans avoir l'autonomie de porter une attention aux dynamiques du vivant.

Cette dévitalisation rurale n'est pas près de s'arrêter. D'ici 2030, 5 millions d'hectares devraient changer de mains à l'occasion de nombreux départs en retraite, soit 20 % des terres agricoles hexagonales. Or la conjoncture foncière veut que ces terres partent pour deux tiers vers des fermes déjà constituées, sans permettre l'installation de nouveaux et nouvelles paysan·nes. La taille moyenne des fermes a démesurément enflé, de 15 hectares en 1960 à 79 en 2020. Cela participe à l'augmentation du capital professionnel moyen immobilisé par ferme, 275 000 €, le double de toute autre profession.

Le capitalisme transmute le foncier en marchandise, jusqu'à sa métamorphose ultime en actif financier, au seul profit des classes oppressives : la faim existe toujours en France et dans le monde, une part significative des paysan·nes vivent mal de leur travail et le vivant s'effondre. Les fermes françaises sont de plus en plus des sociétés à capitaux ouverts, où le pouvoir peut être pris par des personnes qui n'ont plus un gramme de terre sur les mains. Les surfaces contrôlées par ces firmes financiarisées, par exemple issues de l'agroalimentaire industriel, ont doublé en vingt ans, et représentent aujourd'hui plus de 14 % des terres agricoles hexagonales.

Heureusement, on estime à au moins 20 000 les personnes qui cherchent à retisser les fils qui les rattachent à la terre, dont 60 % ne sont pas des enfants d'agriculteur·rices. Une grande partie d'entre elleux désire contribuer à la subsistance alimentaire de leur territoire, dans des logiques collectives et coopératives, y compris avec les autres qu'humain. Des réseaux d'accueil aux noms bizarres s'organisent sur les territoires pour leur donner une place : Inpact, espaces test et couveuses, GAB, Paysans de nature, A4, etc. Mais seul·es 12 000 de ces candidat·es ont réussi à accéder au foncier en 2020, alors qu'on comptait 21 000 départs en 2019. Et certain·es ont moins réussi que d'autres. L'accès au foncier est plus difficile pour les femmes, qui ne représentent qu'un tiers des travailleur·ses de la terre en 2020, contre 45 % en 1955. Elles doivent souvent affronter la défiance des organismes prêteurs et des propriétaires terriens. En France, seules 30 % des propriétaires de terres agricoles sont des femmes.

Remmailler nos relations à la terre, déliées par ces accaparements, passe aujourd'hui par des occupations libératrices. Mais cela nous conduit aussi à considérer le droit foncier comme un champ de lutte à de multiples niveaux. Nous pouvons tactiquement utiliser, voire subvertir, le droit existant, tant qu'il est utile au soin de la terre : faire préempter la Safer pour installer des collectifs de paysan·nes, contester devant les tribunaux les infrastructures écocidaires, acheter collectivement des terres pour les soustraire à l'agro-industrie. Tout aussi tactiquement, nous avons aussi l'option d'infléchir le droit actuel avec des parlementaires complices : interdiction de pesticides, frein à l'acquisition de terres par des sociétés financiarisées pour les orienter vers l'agroécologie paysanne, restriction des possibilités d'artificialisation. Ce n'est pas suffisant, mais cela donne de précieuses marges de manœuvre à nos luttes foncières.

Nous pouvons aussi stratégiquement inventer de nouveaux droits fonciers émancipateurs pour rendre nos utopies concrètes. C'est la voie choisie par les camarades des Lentillères qui ont réimaginé le droit de l'urbanisme avec une Zone d'écologie communale, ou des collectifs réclamant que les fleuves Loire et Tavignanu soient des sujets de droit à part entière. Des mouvements paysans et autochtones internationaux ont même gagné à l'ONU ou à l'OIT la reconnaissance de droits à la terre. Si leur application par les États est un combat en soi, il n'est pas vain. En Europe, des mouvements paysans belges, roumains ou encore samis ont mobilisé avec succès ces textes pour défendre leur accès à la terre face aux accapareurs capitalistes, patriarcaux et (néo)coloniaux.

Tanguy Martin

➡ Voir aussi Accaparements, Prises de terres, Paysannes et paysans

G

# GAÏA SE SOULÈVE

Parfois, il y a lieu de regretter d'avoir eu raison. Lorsque, il y a quatorze ans, j'ai publié *Au temps des catastrophes*, je prévoyais déjà que les responsables de l'ordre public, pris qu'ils étaient dans une histoire dont le seul horizon est l'implacable course à la croissance, ne pourraient répondre que par des mensonges et des faux-semblants à celle qui faisait intrusion dans cette histoire. La nommer Gaïa plutôt que d'en parler comme d'un phénomène climatique, c'était faire sentir qu'il ne s'agissait pas d'une simple crise. Quoi qu'il arrive, nous allions désormais devoir apprendre à vivre avec elle en tant que puissance. La Terre n'était plus seulement l'Exploitable à merci, ni non plus la Fragile à protéger. Elle était désormais la Redoutable, celle dont le seuil de tolérance aux dévastations capitalistes avait été franchi, celle dont nous ne pourrons plus jamais ignorer l'irascibilité implacable. Car Gaïa n'est pas une justicière : tous, des récifs de corail ou des escargots aux humains, auront à payer, et sont déjà en train de le faire, pour les crimes commis par certains.

Et malheureusement, promesses mensongères et faux-semblants n'ont en effet pas manqué. Une croissance respectueuse, « décarbonée », un monde où les voitures électriques et les avions à hydrogène nous (qui, « nous » ?) permettront de profiter de la vie, des champs « cultivés » par des robots toujours plus sophistiqués : la croissance est servie. Circulez, faites-nous confiance, nous avons votre avenir bien en main.

Il est difficile et peut-être inutile, de savoir ce qui se passe dans la tête de nos gouvernants. Mais il est devenu assez clair que, en France en tout cas, ils considèrent que leur tâche première est de maintenir l'autorité de l'État ; c'est-à-dire notre docilité crédule, synonyme d'ordre public. Et qu'il faut gagner du temps, c'est-à-dire de l'argent pour ceux qu'ils servent. C'est sans doute ce que Macron voulait dire lorsqu'il s'est excusé : qui pouvait prévoir le réchauffement climatique et les sécheresses ? Il faut sans doute entendre : « Qui pouvait prévoir qu'ils se feraient sentir si tôt ? Avant la fin de mon mandat, avant que je n'aie à rendre des comptes ! » Malheureusement pour lui, la temporalité de Gaïa ne se soumet pas à l'agenda des gouvernements. Gaïa n'attend pas. C'est ce que les scientifiques du GIEC supplient que l'on n'oublie pas : les objectifs de réduction péniblement négociés – 2030, 2050… – ne sont que des marqueurs, pas des buts en soi. Le temps que nous perdons est inexorablement perdu. C'est seulement sur ce point que, comme le réclamait Greta Thunberg, il faut « écouter les scientifiques ». Il faut les écouter en tant que sonneurs d'alarme, car leurs modèles sont muets quant à nos puissances d'agir.

Nos gouvernants n'y peuvent rien, ces puissances sont en train de s'éveiller et de se coaliser sous des formes multiples et malgré la répression. Même des servants de l'ordre, juristes ou ingénieurs, par exemple, sont gagnés par la déloyauté et s'engagent du côté du démantèlement et du désarmement. Le cri qui se propage, « Nous sommes les Soulèvements de la Terre ! », est repris par tou·tes celles et ceux qui ont compris que Gaïa n'est pas une intruse mais celle qui donne leurs conséquences à ce qui a été exploité, « externalisé », compté pour rien. Et pire, la division sur laquelle le gouvernement comptait, entre « ceux qui travaillent » et les écolos idéalistes qui « ne savent pas ce qu'est le travail », vacille. Entre « comptés pour rien » on peut s'entendre. Jupiter, dit-on, aveugle ceux qu'il veut perdre, et ici Macron a peut-être fait l'erreur de trop, en croyant pouvoir humilier impunément. Mais il a aussi oublié que les enfants d'aujourd'hui et de demain, dont l'avenir est également compté pour rien, s'engageront à leur tour, quelle que soit la violence de la répression. La Terre qui se soulève, c'est aussi le sol qui s'effondre, ce sol de docilité triste sur lequel campent nos institutions.

Celle qu'avec d'autres je nomme Gaïa doit, nous l'avons appris, sa singularité de planète habitable à l'intrication toujours plus dense qui s'est inventée entre les activités de ses habitants, aux interdépendances multiples et variées qui se sont tissées entre eux et avec leur milieu. Le « nous » qui s'affirme être « la nature qui se défend » ou « la Terre qui se soulève » est celui qui lutte contre la destruction systématique de ce tissage vital, contre la mise au travail productif qui réduit tant les milieux terrestres que les manières de faire société à de mornes monocultures sous perfusion. Et le défi alors, pour celles et ceux qui se soulèvent, est sans doute de réactiver et de cultiver les dynamiques de l'interdépendance, d'honorer la joie et l'imagination qu'elles engendrent. De fait, celles et ceux qui, avec la Terre, se soulèvent le savent déjà. Et c'est, malgré la répression, ce qui les rend « indissolubles ».

Isabelle Stengers

➡ Voir aussi Kapitalocène, Terrestre, Urgence climatique

# HYDROGÉOLOGIE

## Un savoir commun pour mieux partager et respecter l'eau

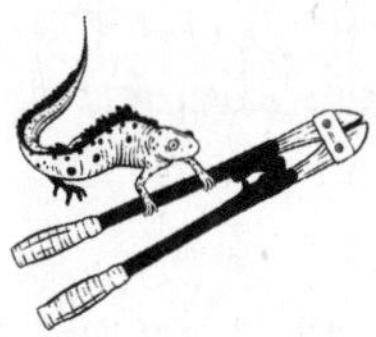

L'hydrogéologie est une science qui s'intéresse à l'eau dans les roches, une science qui porte sur des choses qu'on ne voit pas et qu'on mesure mal. D'ordinaire, elle ne soulève pas les foules.

Et pourtant, récemment, beaucoup de gens se sont intéressés à l'eau, à la compréhension de son cycle, dans l'air, le sol, le sous-sol, jusqu'à la mer, que ce soit pour comprendre les pollutions qui touchent les nappes et l'eau du robinet[1], l'assèchement de nombreux cours d'eau[2] ou les conséquences d'aménagements contestés comme les mégabassines.

Et tant mieux, car l'eau est un bien commun, ce qui implique un partage équitable entre humains et non-humains, dans la durée, et une concertation sur ses usages.

1. www.anses.fr/fr/system/files/LABORATOIRE2022AST0255Ra.pdf

2. www.igedd.developpement-durable.gouv.fr/retour-d-experience-sur-la-gestion-de-l-eau-lors-a3735.html

L'hydrogéologie s'intéresse donc à cette partie peu visible et potentiellement privatisée de ce bien commun. Elle essaye de comprendre et de régler des problèmes liés à l'excès ou la pénurie d'eau, ou encore à sa pollution. En France, le suivi de l'eau souterraine est assuré par le Bureau de recherche géologique et minière (BRGM) qui, comme son nom l'indique, est associé à l'exploitation des ressources.

L'eau souterraine circule à travers les pores du sol, faisant parfois fi de la gravité, puisque du fait de la pression, elle peut gravir les dénivelés, et parcourir des kilomètres, entre le lieu où elle s'est infiltrée et celui où elle rejaillit à la surface, créant des sources.

La circulation de cette eau dépend des propriétés géologiques du sous-sol. Mais elle est modifiée par les activités humaines, qui 1) réduisent la quantité d'eau de pluie s'infiltrant dans les sols jusqu'aux nappes par l'artificialisation, le tassement des sols, le remembrement… ; 2) accélèrent et détournent les écoulements via le drainage agricole ou l'approfondissement des rivières et 3) prélèvent une partie de cette ressource. Ces prélèvements modifient à la fois les volumes d'eau et les écoulements, en altérant le sens de circulation et la pérennité des sources, aggravant les risques d'assecs.

Or les prélèvements en nappe sont très nombreux : pas moins de 56 000 en France, pour un volume estimé à 6 milliards de mètres cubes par an, soit 64 % des prélèvements pour l'eau potable et 40 % des prélèvements agricoles[1]. Mais il ne s'agit que d'estimations, fondées sur des déclarations d'impôts. On ne connaît pas bien la quantité d'eau réellement prélevée et moins encore sa répartition saisonnière, qui est pourtant cruciale, notamment en été, en ce qui concerne l'apport des nappes aux rivières.

Alors qu'elle devrait recevoir toute notre attention, l'eau souterraine est finalement mal connue. Il n'existe que 2 000 points de suivis journaliers, un nombre qui ne cesse de baisser. Même lorsque des projets impactants comme des bassines dédiées à l'irrigation agricole sont planifiés, il n'y a pas d'effort pour compléter le réseau d'observation des nappes et des rivières adjacentes.

Or, la combinaison des pressions humaines – prélèvements, modification de l'occupation du sol, changement climatique, pollutions – est extrêmement défavorable aux eaux souterraines. Plusieurs études montrent que les volumes des nappes diminuent dans de nombreuses régions du monde, y compris en Europe[2]. Les risques d'assecs s'accompagnent de la disparition de zones humides, de forêts alluviales ne pouvant plus accéder à l'eau par capillarité[3]. Les vides laissés par l'eau peuvent se compacter et entraîner des affaissements du sol de plusieurs centimètres par an[4]. La réduction des apports en eau douce à la mer,

1. bnpe.eaufrance.fr
2. https://doi.org/10.1007/s10040-021-02448-3
3. www.annualreviews.org/doi/full/10.1146/annurev-earth-071719-055251
4. www.science.org/doi/full/10.1126/science.abb8549

considérés comme des « pertes » par des personnes mal informées, entraîne un appauvrissement significatif des zones marines[1].

Les nappes protègent l'eau : elles évitent l'évaporation et les contaminations, et maintiennent une température fraîche. Ainsi, pomper cette eau pour l'exposer en surface pendant des mois comme le font les mégabassines peut sembler incongru. Cette substitution des prélèvements d'été par des prélèvements d'hiver permet surtout de poursuivre une politique de l'offre et de ne pas engager des changements structurels nécessaires à la préservation de la ressource tant d'un point de vue quantitatif que qualitatif. Cela conduit à une maladaptation.

Pour assurer un partage équitable et durable de cette ressource vitale, l'hydrogéologie peut, si elle dispose de suffisamment d'observations, aider à anticiper les conséquences de nos pratiques actuelles et à venir. Mais, seule la société peut se mobiliser pour éviter l'accaparement et la dégradation de cette ressource commune.

Florence Habets

➡ Voir aussi Mégabassines, Urgence climatique

1. https://bonpote.com/analyse-peut-on-stocker-les-exces-deau-perdus-a-la-mer/

# INDIGÈNE

« Indigène » désigne une personne ou une communauté originaire d'un lieu déterminé, où elle vit et-ou auquel elle est attachée par un lien immanent ; qui se sent une « propriété » de la terre et non le propriétaire de celle-ci. En français courant, « indigène » est un de ces mots dont le sens a été à moitié corrompu par le colonialisme. Les peuples dits « indigènes » sont d'abord ceux qui ont été envahis par les indigènes d'Europe, dans leur expansion impériale à partir du XVIe siècle. (Ces derniers, croyant avoir été colonisés – civilisés – par eux-mêmes il y a longtemps, ont donc cru qu'ils avaient cessé d'être indigènes.) Les « indigènes » sont aussi ces peuples qui n'ont pas rejoint de gré ou de force la marche unilinéaire du Progrès, et qui seraient restés emprisonnés dans le passé révolu de l'espèce. L'extra-modernité de ces peuples ne peut donc être perçue que comme une pré-modernité par les « ex-indigènes » d'Europe et de ses rejetons culturels, dont les croyances révèlent une obsession de la temporalité en tant que différence ontologique de l'humanité à l'intérieur de la Nature. La dimension spatiale du monde ne compte pas beaucoup pour eux, si ce n'est comme pure extension, dont on peut extraire des matériaux pour alimenter l'accumulation du capital. Comme nous le savons, c'est le temps qui est la mesure de la valeur – dans bien d'autres sens que le seul sens économique. Voyons ce que dit Vine Deloria Jr, le penseur et activiste sioux :

> [L]orsque l'idéologie domestique [états-unienne] est divisée entre les Indiens d'Amérique et les immigrants d'Europe occidentale, la différence fondamentale est d'une grande importance philosophique. Les Indiens d'Amérique considèrent leurs terres – leurs lieux – comme ayant la plus haute signification possible, et toutes leurs déclarations sont faites en gardant ce point de référence à l'esprit. Les immigrants considèrent le mouvement de leurs ancêtres à travers le continent comme une progression constante d'événements et d'expériences fondamentalement bons, plaçant ainsi l'histoire – le temps – sous son meilleur jour. Lorsqu'un groupe se préoccupe du problème philosophique de l'espace et l'autre du problème philosophique du temps, les déclarations de l'un ou de l'autre groupe n'ont pas beaucoup de sens lorsqu'elles sont transférées d'un contexte à l'autre, sans tenir compte de ce qui se passe. Les peuples d'Europe occidentale n'ont jamais appris à considérer la nature du monde d'un point de vue spatial[1].

1. Vine Deloria Jr, *God Is Red : A Native View of Religion*. Golden, CO : North American Press, 1992 (2e éd.).

Mais voilà, face à la dégradation des conditions d'habitabilité de la planète et à l'impuissance calculée des puissants à réagir à la catastrophe géo-historique qui a reçu le nom d'Anthropocène, de nombreux peuples d'Europe sont en train de se redécouvrir indigènes, c'est-à-dire de se situer dans l'espace et d'en expérimenter les intensités, quoique pas toujours dans le même sens. Certains vivent leur indigénité sur le mode de la xénophobie, et pensent leur rapport à la terre à partir du modèle de la souveraineté étatique, comme s'il était possible d'échapper au monde en s'enfermant dans les frontières d'un « pays », ce beau nom usurpé par les États territoriaux modernes. D'autres, comme les Soulèvements de la Terre, prennent conscience que toute avancée de la cause de la Terre passe par une lutte pour la terre – la terre en tant que sol natal, lieu de vie et milieu de co-engendrement mobilisant d'innombrables autres formes de vie. Cette lutte doit inclure, voire commencer par la défense des territoires des peuples officiellement qualifiés d'indigènes.

Ces peuples sont répartis sur 20 % de la surface terrestre, dans pratiquement tous les biomes habités par l'espèce. Leur population est estimée à 476 millions de personnes, soit 6 % de l'ensemble des humains (elle est donc supérieure à celle de l'Amérique du Nord). Ils sont tous aujourd'hui englobés dans la population des États-nations modernes, en tant que « minorités ethniques ». Leurs territoires sont soumis à de violents processus d'extraction minière et d'accaparement par l'agro-industrie. Les forêts, savanes et autres types d'habitats qui composent ces territoires abritent 80 % de la biodiversité de la planète. Ce seul chiffre devrait nous convaincre du rôle central des peuples indigènes du point de vue de l'avenir de l'espèce humaine, si le simple (pour ainsi dire) respect de leur droit à l'existence ne suffit pas à nous émouvoir. Ils sont l'un des derniers remparts à la transformation du monde entier en une immense *plantation* biopolitique, une monoculture planétaire au sens tant anthropologique qu'agro-industriel du terme. Comprendre que nous sommes tous des indigènes – sauf ceux qui ne le sont pas – c'est rejoindre la lutte pour une reprise de la Terre par la terre, parcelle par parcelle, lieu par lieu, zone par zone. Une reprise qui arrache la cause de la terre des mains des fascismes et des nationalismes, et qui sauve l'espace de son emprisonnement dans l'imaginaire politique de l'État.

Eduardo Viveiros de Castro

➡ Voir aussi État colonial, Outre-mer, Terrestre

# INTERNATIONALISME

## Nous sommes l'eau qui se défend !

Ces 24, 25 et 26 mars 2023, plus de 25 000 personnes se sont rassemblées dans le Marais poitevin, la deuxième plus grande zone humide de France, pour une mobilisation internationale contre les projets de « mégabassines ». Ces énormes cratères géants d'une dizaine d'hectares, remplis en puisant dans les nappes phréatiques, incarnent le maintien coûte que coûte d'un modèle agro-industriel qui écrase les paysan·nes et détruit les milieux de vie. Déjà mis en place au Chili depuis quelques décennies, leurs effets y sont dévastateurs : les milliardaires propriétaires de cultures d'avocats accaparent l'eau pour remplir des mégabassines tandis que les villages alentour sont ravitaillés en camion-citerne. *« ¡No es sequia, es saqueo! »*, résume le slogan populaire qui résonne du Chili au Mexique : ce n'est pas une sécheresse, c'est un pillage !

Pollution, surexploitation, marchandisation, accaparements, bouleversement des cycles de l'eau : partout dans le monde la situation est critique. Alors que la pénurie d'eau affecte 40 % de la population mondiale, les géants de l'agroalimentaire Danone, Nestlé ou Coca-Cola s'approprient les eaux de sources, privant les peuples autochtones du Mexique, des États-Unis et du Canada de leurs eaux pour la vendre à prix d'or dans des bouteilles en plastique. Ailleurs, se multiplient également mines et grands barrages qui détruisent les territoires encore peuplés par des communautés paysannes et autochtones, à l'unisson avec les injonctions capitalistes à « décarboner » les économies.

Malgré la « guerre de l'eau » de Cochabamba en Bolivie en 2000, les contre-sommets, la reconnaissance du droit à l'eau en 2010 par l'ONU, les privatisations et la financiarisation de l'eau n'ont cessé de progresser. L'eau est même entrée en Bourse en 2020. Face à cette offensive écocidaire sur l'eau, les terres et nos moyens de subsistance, les luttes pour l'eau continuent d'essaimer et de se lier à travers le monde.

Certain·es d'entre nous étaient donc présent·es physiquement à Sainte-Soline en France ce 25 mars, pour faire résonner et internationaliser nos combats. Nous, militant·es du Chili en lutte contre le saccage de nos écosystèmes par le néolibéralisme autoritaire ; militant·es du Mali et d'Afrique de l'Ouest en lutte pour récupérer nos terres contre les accaparements ; militant·es du Kurdistan opposé·es à la guerre implacable menée par le régime d'Erdogan en Turquie qui se sert de l'eau comme d'une arme ; militant·es autochtones yukpa d'Abya Yala en lutte pour l'autodétermination de nos peuples face à un système colonial et extractiviste ; militant·es de la nation Lakota, du Mexique ; militant·es des centres sociaux du nord-est de l'Italie ou du No TAV ; militant·es en France et en Europe impliqué·es dans des centaines de luttes territoriales contre des projets destructeurs. D'autres étaient présent·es à travers la chaleur de nos cœurs et de nos pensées.

Face à cette mobilisation inédite, le gouvernement français a décidé d'interdire la manifestation et de déployer plus de 3 200 gendarmes pour protéger le projet mortifère de mégabassines. Plus de 5 000 grenades ont été tirées sur les manifestant·es en deux heures (soit une grenade toutes les deux secondes), blessant et mutilant près de 200 personnes, dont plusieurs dizaines gravement. Aujourd'hui, un manifestant est encore dans le coma, entre la vie et la mort. Le gouvernement français a annoncé la « dissolution » des Soulèvements de la Terre, l'une des organisations à l'initiative de la manifestation.

Ces scènes très brutales nous rappellent la triste réalité dont nous faisons l'expérience sur nos territoires et nos continents, à différents degrés : nous assistons partout à la recrudescence ou au renforcement des autoritarismes, de la répression et de la criminalisation de celles et ceux qui s'opposent aux destructions en cours, ainsi qu'aux logiques capitalistes et impérialistes qui y président.

Mais on ne peut pas dissoudre le mouvement des peuples de l'eau, on ne peut pas dissoudre une révolte vitale qui grandit et résonne par-delà les frontières et les langues !

C'est pourquoi nous, acteurs·ices de luttes pour le vivant, paysan·nes, défenseur·euses des droits humains et de l'environnement, personnalités publiques, syndicats, collectifs, organisations issues de différents continents, appelons à un soutien international massif à la lutte pour l'eau et contre les mégabassines en France. Nous appelons à dénoncer la répression du gouvernement français du mouvement social et écologiste.

Notre soutien s'étend à toutes celles et ceux qui luttent à travers le monde contre l'accaparement, la privatisation, la pollution de l'eau, et pour son juste partage et sa protection en tant que commun inaliénable !

Dans cette perspective, nous appelons donc également au respect des déclarations de l'ONU sur les droits des peuples autochtones (UNDRIP) et sur les droits des paysans et des autres personnes travaillant en zone rurale (UNDROP).

Depuis l'eau qui coule à travers nos veines, les rivières des bassins versants qui font vivre nos territoires et les fleuves qui relient nos géographies, nous appelons à renforcer les rencontres et alliances internationalistes pour défendre l'eau, les terres et les communs qui portent la vie. Face à toutes les formes de répression et d'autoritarisme, notre solidarité est comme l'eau qui ruisselle : porteuse de vie et de liberté, elle ne connaît pas de frontières !

Premiers signataires : Buzuruna Juzuruna (Liban), Comisión étnica para la paz y la defensa de los derechos territoriales (Colombie), Confédération paysanne (France), Congreso de los pueblos de Colombia, Convergence globale des luttes pour la terre et l'eau (Afrique de l'Ouest), Convergence malienne contre les accaparements de terre (Mali), Coordinadora feminista para el 8 Marzo (CF8M, Chili), Ecological Movement for Mesopotamia (Kurdistan), Ejército Zapatista de Liberación Nacional (EZLN, Mexique), Fondation Danielle Mitterrand (France), International Committee of the Social Panamazonian Forum (FOSPA), Movimento sem Terra (Brésil), Movimento dos atingidos por barragens (Brésil), Via Campesina, Kruha, People Coalition for Water (Indonésie), MODATIMA (Chili), Union syndicale Solidaires (France), Tournons la page (Togo), WoMin African Alliance, (Afrique du Sud).

Liste complète des signataires : https://lessoulevementsdelaterre.org/blog/appel-international-nous-sommes-leau-qui-se-defend.

➡ Voir aussi État colonial, Mégabassines, Résistance

# JOIE

L’eau est le nouvel or.
Une mégabassine n’est qu’un coffre-fort.

L’eau est un marché
vital
comme il existe
un marché de l’air,
des corps, des rares terres,
de l’attention qui flue,
du bois, du sable, du nu.
L’eau se tanke, se stocke, se banque.
L’eau se fore, se raffine et se filtre.
On la verra bientôt en barril
à cent dollars le litre.
Et c’est maintenant que ça commence.

Il était une soif.

Quand le Capital parle,
il s'exprime avec des lacrymots.
Il fait feu
pour nous faire taire.
Nous, on fait Terre,
Autant qu'on peut.

Notre joie monte des ruisseaux, des tourbes, des garrigues, des friches.
Elle prend souche au sein du tronc où la chevêche niche.
Elle est franche sur la crête comme la course d'un chamois.
Elle croit aux castors qui lovent l'eau dans leur barrage amoureux, plutôt qu'aux digues de béton brut qui la force vers la mer en laissant le monde sec.

Tous les pouvoirs ont intérêt et vocation à nous attrister.
Un humain triste se brise plus facilement.
La joie, ça fléchit mal.
Ça ne se plie guère.
La joie, ça n'obéit pas.

Sentir en soi s'amplifier sa puissance d'agir : telle est pour Spinoza la joie.

Il était une soif.

Le Globe ne se réchauffe pas, il brûle !
On est des chipolatas cramés sur une grille d'aération.
La mer a la couleur de l'huile.

Le ciel sent la merde.
Il en a la consistance, les traînées.
Il pleut plus : Dieu a tiré la chasse.
Alors climatise la forêt,
solutionne,
climatise l'océan,
climatise la banquise
climatise tes champs
et surtout pompe la nappe, pompe !

Face à ça, c'est la colère architecturée qu'il faut atteindre.
Trouver en soi la rage du sage.
*No basaran, no pasaran !*

Darmanin le nain : non mais à l'eau quoi !
FN-SEA, c'est trois lettres de trop.
L'outarde vous monte au nez,
Vous tuez pour un cratère !
Méfiez-vous de l'eau qui mord.
L'eau va couler sous les cons.
Pour vous, un *brave*, c'est un robocop sur un quad.
Pour nous, c'est une enfant, encore debout au milieu de vos grenades.
Véner, déter, terrestre ! Vénèr, déter, terrestre !

Vous ne nous désagrègerez pas
parce qu'on ne dissout pas l'eau
qui court déjà sous nos peaux,
parce qu'on a encore assez de chaos

en nous
pour enfanter une
étoile
qui danse.

Voici la Fraction Armée Bleue, voilà le combat du wombat, voici le mouvement des jeunes insurgés koalas, la crocodilettante et les baleines qui bossent ! Voilà les lézards verts de la ZAD, le caribouge de là ! le coyote boycott et le lombric-à-brac ! Oyez le triton à trois tons sonnant au milieu des ragondingues ! Voyez la panthère des nuages, elle feule ! Nous sommes des castoréadors : rouge est notre fourrure, pour l'esquive, et noire la queue qui fait batte contre vos lanceurs de balles !

Nous sommes le filet, la flaque, la mare, la nappe,
nous sommes l'averse à l'envers,
la source et les geysers,
nous sommes la neige qui fond
et la glace
dans vos verres.

Il était une soif !

Ceux qui sont nés de la dernière pluie.
Ceux qui se jettent à l'eau.
Ceux qui passent à travers les gouttes.
Choisis ton *comment*.
Choisis ton *qui*.
Et surtout choisis… ton *quand* !

Moi, je crois aux bandes et au vacarme fécond des sarabandes.
Je crois aux hardes et aux hordes, aux ruches et aux squads, je crois aux équipes et aux escouades, j'aime quand l'humain s'épaule et se parle, quand c'est l'amour qui nourrit le pas qu'on fait vers l'autre qui ne le sait… pas.

Il était une joie,
une joue qu'on ne tend pas.
Il était une foi
en toi, en nous,
en l'autonomie de nos dix doigts.
Il était une loi
qui dit qu'aucune Loi
ne justifie qu'un sol t'appartienne,
ni à lui, ni à toi.

Il était un bois,
un verger d'agrumes
qui se soulève
sous la chape de bitume
si tu arraches le macadam
avec quelques centaines de bras.

Il était une voie,
tu ne vois rien
et pourtant tu y crois.

Il était une soif
qui ne boit pas,

qui s'étanche
en embrassant
lacs & landes,
en enroulant la langue qui noue
et qui joliment nous noie,
La langue de l'eau
qui sonne oblongue
et fait pousser les mangues
au milieu des parkings
de Hong Kong.

*

Le vivant n'est pas une mode, un thème, un ADN code, c'est un milieu.
C'est un champ qui nous traverse, dans lequel nous sommes immergés, fondus ou électrisés.
Si bien que s'il existe une éthique, en tant qu'être humain, ce serait juste d'être digne de ce don sublime d'être vivant.
Et d'en incarner, d'en déployer autant que faire se peut les puissances.
Faire corps avec le maquis, la forêt, la mer, avec le végétal comme avec l'animal, les autres espèces et les autres formes de vie : se composer avec, les accepter, nouer avec elles, s'emberlificoter…

Vous productivistes,
vous êtes la nature qu'on défonce.
Vous êtes la Terre qui coule

juste avant qu'elle s'enfonce.
Vous êtes la lèpre de l'air, la ruine des sols,
le mercure dans les sangs.

Vous êtes la pire chose qui soit arrivé au vivant.

OK ! OK ! Et maintenant ?

Maintenant, la seule croissance que nous supporterons
sera celle des arbres et des enfants.

Maintenant nous serons le vivant,
qui trépasse puis repousse,
le vivant qui tisse et qui bruisse,
vif comme un bond.

Le vivant qui se détend.

Alain Damasio

➡ Voir aussi Mégabassines, Résistance, Vivant

# KAPITALOCÈNE

Dans quelle époque vivons-nous ? Une époque où la Terre et les autres qu'humains se transforment plus vite que nos institutions, alors que, pour la modernité, ils étaient statiques ou ne se modifiaient qu'au rythme très lent de la géologie et de l'évolution du vivant. Au moment où le climat s'emballe, où les feux et les sécheresses nous fragilisent, les institutions peinent à bifurquer hors de la course à la croissance, et les classes dirigeantes s'enferrent dans la défense policière du statu quo productiviste inégalitaire. L'immobilité a changé de camp. Le sol de la modernité se dérobe, et la Terre nous appelle à nous soulever avec elle.

Le terme « Anthropocène » désigne cette nouvelle époque géologique dans laquelle l'humanité est devenue une force tellurique. Il a l'avantage de prendre acte que nous ne vivons pas une simple crise écologique, mais un basculement géologique, dégradant pour longtemps l'habitabilité de la planète. Et aussi d'objectiver ce que nous avons désormais toutes et tous senti et compris : nous allons faire face, dans les prochaines décennies à des états de nos habitats et de la planète auxquels l'humanité n'avait jamais été confrontée.

C'est toute la promesse de progrès de l'âge industriel qui se trouve ainsi géologiquement réfutée – une promesse de délivrance à l'égard des chaînes de la tradition et des déterminismes biophysiques, grâce à la science et à la techno-industrie. Prenons la génération née en 2020 : dans quel monde vivra-t-elle à 50 ans ? L'ampleur du bouleversement climatique en 2070 (+ 2,5 °C ou + 6 °C en France ?) ne résultera pas de sa propre volonté, mais aura été prédéfinie par les choix des dominants d'aujourd'hui. Loin de construire son avenir en s'arrachant au passé, cette génération subira le chaos climatique et écologique provoqué par celles qui l'ont précédée. Plus on avance vers l'avenir, plus la tyrannie du passé est écrasante : c'est le contraire de la promesse moderne d'autonomie et de progrès.

Mais qui est cet *anthropos* à l'origine de la sortie de route de l'Holocène ? Une « espèce humaine » indifférenciée, et donc uniformément responsable de la crise ? Le prétendre reviendrait à nier les inégalités de classe et les dominations patriarcales et coloniales. Entre 1700 et 2008, pendant que la population décuplait, le capital centuplait. Et les 20 % les plus pauvres détenaient 4,7 % du revenu mondial en 1820, mais seulement 2,2 % en 1992. Ce n'est pas « l'espèce humaine », mais un système historique spécifique, une logique d'accumulation, qui a fait dérailler la Terre. Sous le règne de l'économie triomphante, obligée de sacrifier au culte de la croissance, on produit pour produire, parce que telle est l'exigence première du souverain Capital, se transformant sans cesse en davantage de capital. La compulsion productiviste qui en découle est la source même du désastre climatique et écologique – d'où la qualification plus juste de Capitalocène pour caractériser notre époque.

Indissociable de la domination coloniale, de l'invisibilisation du travail des femmes, de la privatisation des communs et de la marchandisation du vivant, le capitalisme est bien cette façon d'organiser la planète qui a conduit à basculer dans une autre époque de la Terre. Et chaque phase du développement capitaliste a engendré non seulement un système-monde particulier, réordonnant sans cesse les asymétries coloniales et impériales (I. Wallerstein), mais aussi une écologie-monde (J. Moore) caractérisée par une certaine organisation (échange inégal) des flux de matière et d'énergie, et par une répartition socialement clivée des bienfaits et des méfaits écologiques.

Surtout, le basculement dans une nouvelle époque géologique reconfigure tous les paramètres, dès lors que la dégradation de l'habitabilité de la Terre met en péril les modes d'existence, et la survie même, de nombreuses espèces, les humains compris. Sans que les rapports de classe noués *dans* la production disparaissent, s'affirme un nouvel antagonisme touchant au rapport *à la* production. Le

Capitalocène trace ainsi la ligne de front d'une guerre sans merci. Avec, d'un côté, les fanatiques de l'économie, prêts à pousser la compulsion productiviste jusqu'à ses ultimes conséquences et livrant les populations aux affreuses péripéties de la catastrophe climatique et écologique, pendant que les ultrariches préparent leur exfiltration vers Mars et financent les Frankenstein de la géo-ingénierie. Et, de l'autre, celles et ceux qui, faisant l'expérience concrète d'une planète aux conditions d'habitabilité toujours plus abîmées, comprennent, dans un sursaut contagieux, qu'il n'y a pas d'autre option que de défaire l'économie et son monde. D'un côté, ceux qui s'accrochent au privilège exorbitant du capital : continuer à dérégler la planète ; de l'autre celles et ceux qui se soulèvent pour défendre lieux et milieux, et persister à habiter la Terre.

Gaïa Marx et Terra Zassoulitch

➡ Voir aussi Gaïa, Accaparement, Prises de terres

# LUDDISME

Les Soulèvements de la Terre sont nés d'une révolte légitime contre des infrastructures et des industries toxiques pour le vivant. Au lieu de revendiquer des régulations ou une socialisation des risques, ils proposent de s'y opposer par l'action, en désarmant si besoin certains équipements, en occupant des terres pour les préserver de l'artificialisation et sauver ce qui peut encore l'être.

Deux siècles plus tôt, à l'aube de l'ère industrielle, des « écoterroristes » anglais entreprenaient de s'opposer à des machines et des technologies perçues comme aliénantes, dangereuses et dégradantes pour les corps, pour leurs expériences du travail et leurs milieux de vie. Ils pressentaient que l'avènement d'un capitalisme industriel, fondé sur le travail salarié, sur la mécanisation et sur les énergies fossiles, était porteur de plus de dégâts que de promesses.

En 1812, des machines sont ainsi incendiées dans des usines, près de Leeds, par un groupe d'hommes aux visages barbouillés de noir agissant au nom d'un mystérieux général ou roi Ludd. Durant des mois, des milliers d'ouvriers britanniques se soulevèrent en brisant des machines à filer et à tondre, accusées d'accroître leur misère et leur exploitation.

Alors que l'Angleterre est engagée dans une intense guerre contre la France napoléonienne, ces émeutes effraient les autorités, car leur écho circule largement. Ces soulèvements et sabotages sont peu à peu regroupés sous l'étiquette du luddisme, terme générique devenu synonyme de violence débridée et irrationnelle, d'un refus archaïque du progrès, comme le sont aujourd'hui les supposés « écoterroristes » stigmatisés par le pouvoir.

Le nom Ludd proviendrait d'un apprenti qui avait détruit la machine de son maître ; une autre interprétation suggère qu'il aurait été emprunté à des traditions folkloriques exaltant un héros celte légendaire. Le recours à cette figure imaginaire est le reflet de la culture du secret qui caractérisait les travailleurs dans une époque de répression autoritaire, le luddisme devenant la première grande insurrection ouvrière du pays, et aussi le premier soulèvement populaire contre une modernité destructrice qui s'éloignait des Lumières émancipatrices pour être réduite à la nouvelle science économique et à l'obsession pour la croissance industrielle.

Survenues après l'abandon des anciennes régulations protectrices, les révoltes luddites manifestaient le refus des nouvelles pratiques de travail introduites au nom de l'intensification de la production. Les compagnons et les artisans se sentaient dépouillés de leurs droits et victimes d'une exploitation injuste avec le passage au système usinier qui laminait leur liberté et leur capacité d'action, tout en accroissant les inégalités.

La figure de Ned Ludd est celle du « justicier » et du Grand Exécuteur, chargé de défendre des droits solidement établis contre le nouvel ordre des entrepreneurs de l'industrie. La mobilisation commençait souvent par une pétition ou une lettre enjoignant le patron à abandonner telle machine, puis par diverses actions d'intimidation, comme les menaces, bris de vitres ou incendies nocturnes. C'est seulement lorsque ces actions échouaient que les ouvriers se lançaient dans des attaques de plus grande ampleur en assiégeant parfois les usines. Leur violence n'est que la face émergée d'un ensemble varié de modes d'action légaux ; elle surgit face à la surdité des autorités et à l'épuisement des autres stratégies.

Le mouvement luddite a été sévèrement réprimé. Des centaines d'individus furent traduits en justice, emprisonnés, déportés en Australie ou pendus. Il a aussi été disqualifié par les chantres de l'industrie, expliquant aux ouvriers qu'ils devaient endurer des malheurs à court terme, mais que le progrès des machines leur apporterait la paix et la prospérité. Disqualifiés aussi par le marxisme puisque, dans le *Capital* (1867), Marx rejette le luddisme comme un épisode juvénile du mouvement ouvrier qui s'attaque au « moyen matériel de production » plutôt qu'à son « mode social d'exploitation ».

À la fin d'un $XX^e$ siècle dominé par le productivisme et le déferlement technologique, alors que l'informatisation commence à reconfigurer le capitalisme, l'écologiste Kirkpatrick Sale initie un éphémère mouvement néoluddite qui réactive la figure de Ludd pour s'opposer aux ravages de l'industrialisation du monde. En France, quelques années plus tard, les faucheurs d'OGM, qui tentent de freiner l'industrialisation de l'agriculture, reprennent le mode d'action par désarmement des technologies nocives pour le vivant.

Face à la tyrannie technologique qui s'installe, et à ses impasses sociales, politiques et écologiques, le luddisme peut être, encore aujourd'hui, une source d'inspiration et de mobilisation. La mémoire de ceux qui agissaient au nom d'une économie morale et de liens d'entraide communautaire laminés par le capitalisme peut continuer à nourrir les luttes, au moment où s'affirme l'urgence de démanteler l'appareillage et les infrastructures matérielles destructrices.

François Jarrige

➡ Voir aussi Désarmement, Technologies, Www.toxique-village-global.com

# MÉGABASSINES

## Comme Maïs, comme Mars

Élu·es et haut·es fonctionnaires serviles, prêt·es à céder l'eau, bien commun *vital* pour toutes les formes de vie, aux géants de l'agro-industrie,

Dirigeant·es d'entreprises écocidaires, accapareurs et destructeurs en tout genre,

Représentant·es de la Pieuvre FNSEA et de tous ses tentacules,

Vous qui vouez un culte à l'extrême Capitalisme, au tout technosolutionnisme,

Vous qui êtes prêts à dynamiter les terres nourricières pour y creuser des mégacratères, entourés de mégadigues, étanchéifiés par des océans de bâches noires,

Vous pensiez qu'on vous laisserait faire ?

Embarquez dès à présent pour Mars dans le nouveau *Starship*. La catastrophe que vous avez déclenchée sur Terre s'est accélérée. Vos bunkers ne suffiront pas, il vous faut dès maintenant réserver vos places. Conseil de terrien·nes bien déterminé·es à le rester : fuyez tant qu'il est temps. Un vent mauvais souffle qui va balayer vos fragiles empires planétaires.

Depuis quinze ans, dans le Marais poitevin, certains d'entre vous ont cru bon venir perturber les cycles de l'eau, du sol et du sous-sol. Sur les faibles reliefs entourant les rivières Autize, Mignon, Vendée, Boutonne, vous avez inoculé vos premières métastases, vos (trop) fameuses « réserves de substitution » !

Votre maïs est à l'origine des centaines de kilomètres d'assecs, qui s'étaient multipliés depuis cette fameuse année 1976. Cette année de sécheresse avait ouvert la voie des financements publics pour développer en France l'irrigation à tous crins, fondée sur la croyance qu'en ces terres tempérées et océaniques, l'eau était ressource illimitée. Mais vos prélèvements mettent en péril la biodiversité du Marais poitevin et de toutes les rivières qui l'alimentent.

Pour reprendre enfin le chemin d'une agriculture vertueuse, c'est bien simple, il faut tourner la page d'une monoculture du maïs. C'est un véritable piège tendu aux paysans, devenus « exploitants agricoles », par les tenants de l'agro-industrie : Pioneer, INRA, Limagrain, Monsanto, Siemens, Maiz' Europ…

N'écoutez pas ces agents à l'accent chantant du Sud-Ouest, venus de Tarbes, qui travaillent pour cette « drôle de société » au doux nom de Compagnie d'aménagement des coteaux de Gascogne. Ne les laissez pas susurrer à vos oreilles la douce complainte des mégabassines.

« Bonjour, nous représentons la CACG, vous connaissez,

je suppose ? Nous sommes une société mixte d'aménagement basée dans le Sud-Ouest. Nous avons été alertés par la situation périlleuse dans laquelle votre institution (cocher la case : mairie, département, parc naturel régional, région…) se trouve à la suite de la décision de la Cour européenne de justice dans le contentieux qui l'oppose à l'État français pour non-respect des directives Oiseaux et Habitat. Il semblerait que la capacité à maintenir une agriculture irriguée, gage de compétitivité, soit menacée par les conclusions de cette instance européenne. Notre structure a pour objet de permettre, au contraire, de promouvoir les solutions techniques qui permettront de vous affranchir de ces facteurs limitants d'ordre environnemental et de détourner ces directives européennes. Hosanna, ne changez rien à votre modèle agricole, une solution miracle existe, et nous l'appelons "réserve de substitution". Nous vous garantissons d'ores et déjà toute notre collaboration, notre expertise et notre réseau d'influence conséquent. »

Et voilà comment les mégabassines se sont multipliées depuis 2005. D'abord, de manière insidieuse : 5 sur l'Autise, puis 6 sur le Mignon, puis 5 sur la Boutonne… Aujourd'hui, 16 sont prévues dans les Deux-Sèvres, 30 dans la Vienne, et ainsi de suite. Faut-il rappeler les expériences catastrophiques du Chili et de l'Espagne ?

Vous avez tellement heurté et martyrisé les rivières et les sols, sacrifié les peuples de l'Eau, souillé des sépultures et déstructuré des failles géologiques, que vous avez dû réveiller quelque force tellurique profonde. À présent, le sol se dérobe sous vos pieds, la Terre se soulève, et avec elle des milliers de Terrien·nes, venu·es de partout, convergeant toujours plus nombreux et plus déterminés pour mettre à mal ces maudites mégabassines.

Depuis, nous marchons pour résister, pour démanteler, pour renaturer. Nous agissons à plusieurs milliers ou par petits groupes, en plein jour ou au cœur de la nuit. Nous déterrons vos tuyaux, désamorçons vos pompes, débâchons vos bassines (13 depuis le démarrage des travaux !) et déferlons régulièrement en immenses convois multicolores.

Nous avons marché à Mauzé et à Sainte-Soline, essuyé les feux nourris de vos « gens d'Armes », goûté votre violence et votre répression, ramassé les corps inanimés de nos camarades, entendus vos menaces et vos mensonges. Nous n'oublierons pas !

Vos pandores n'y font rien… vos bassines, une à une, trépassent et trépasseront.

Le Rubicon a été franchi, vous avez déclaré la guerre à l'EAU.

Nous sommes l'Eau qui se défend, nous sommes prêt·es à vous submerger !

*Soutien à Serge et à tous·tes les camarades blessé·es et inculpé·es.*
*Pas de Maïs, pas de Bassines.*
No Bassaran !

**Julien Le Guet, porte-parole de Bassines Non Merci**

➡ Voir aussi Désarmement, Hydrogéologie, Paysannes et paysans

# NATURALISTES DES TERRES

Nous sommes des naturalistes : scientifiques, amateur·ices, débutant·es ou confirmé·es. Nous sommes au premier rang du triste spectacle de l'appauvrissement des écosystèmes, de la disparition des prairies naturelles, du drainage des zones humides…

Nous comptons les oiseaux, les papillons ou les chauves-souris pour documenter l'état de leurs populations. Nous militons pour protéger des reliquats d'habitats naturels. Nous documentons des listes rouges d'espèces menacées. Nous nous épuisons en recours interminables pendant que les projets se poursuivent. Nous transmettons notre émerveillement aux petit·es et grand·es lors de sorties naturalistes, avec l'espoir d'en faire des complices relié·es à la vie sauvage.

Mais l'émerveillement de nos promenades est teinté par l'amertume d'un vide croissant. Chaque printemps, nous attendons avec angoisse le retour des oiseaux migrateurs, toujours moins nombreux. Nous sommes les témoins directs du silence qui s'étend.

Nous nous épuisons dans les instances administratives et tentons d'influencer les décisions politiques. Nous usons une énergie folle pour porter une voix presque toujours dissonante, anecdotique. De toute évidence, cela ne suffit pas. Et doucement, parfois, nous sombrons dans l'éco-anxiété ou le cynisme.

Face à nous, les forces extractivistes ne faiblissent pas. Avec le soutien des pouvoirs publics, le fond des océans est dévasté. La guerre éclate en Ukraine ? La FNSEA en profite pour faire sauter les jachères. Tant pis pour les bruants. Il faut toujours plus de camions pour livrer les colis Amazon ? Construisons une nouvelle autoroute à travers les zones humides de Camargue. Il faut du transport bas carbone ? Voies navigables de France rectifie et creuse le lit de la Seine au mépris des écosystèmes alluviaux. Il faut des énergies renouvelables ? Rasons les forêts pour y installer des centrales photovoltaïques.

Le profit de certains humains est la seule chose qui compte : les poissons sont des stocks ; le chevreuil, un gibier ; la jeune pousse sauvage, une adventice ; la coccinelle, une auxiliaire ; la forêt, une ressource ; et le renard, un nuisible. La domination sur le vivant est totale et systémique. Et nous devrions nous contenter de militer en comptant les derniers traquets oreillards, mélibées ou grands hamsters ?

Nous refusons ces états de fait. Nous sommes convaincu·es que le geste naturaliste ne doit pas se réduire à l'inventaire du désastre en cours. Nous pensons qu'il peut devenir un savoir partagé et accessible et qu'il est un outil puissant pour les luttes locales contre l'accaparement des terres.

Nous pouvons apporter, traduire et accompagner les innombrables voix non humaines. Les stridulations des criquets, le croulement des bécasses, les craquements des branches, le clapotis des ruisseaux. Connaître les vivants autour de soi est essentiel pour se lier plus fortement à son territoire, transformer son attention et activer les résistances. Nous appelons à un naturalisme qui soit aussi un levier d'action et d'engagement collectif. Le lien sensible que nous avons avec les êtres vivants et leurs écosystèmes fait de nous des allié·es nécessaires et précieux·ses dans leur défense.

De nouveaux sentiers se dessinent. À l'hiver 2022, nous mettons en place un annuaire cartographique permettant aux naturalistes de rassembler leurs savoirs au service des luttes contre des projets destructeurs. Rapidement, des centaines et bientôt un millier de naturalistes, partout en France, répondent présent·es.

Lors d'un week-end de rencontres au printemps 2023, dans une ambiance studieuse, sous les chants des rossignols, de nombreuses volontés s'organisent, dans le sillage des Naturalistes en lutte de la ZAD de Notre-Dame-des-Landes, des philosophes du vivant, des Soulèvements de la Terre.

Poursuivre ce que nous savons faire, inventorier sur les lieux d'emprise de futurs projets destructeurs. Renforcer nos liens avec des juristes. Épauler le réseau associatif militant. Dénoncer les abus de bureaux d'études. Politiser nos balades nature. Populariser la pratique naturaliste. Fédérer les communautés humaines et non humaines. Déserter. S'installer en paysannerie. Créer le premier syndicat des naturalistes. Proposer des actions qui prennent en compte les vivants et les milieux défendus. Attirer les tritons dans des mares à défendre. Construire des barrages de castors et revitaliser des zones humides. Agir, se battre, défendre. Veiller sur les êtres vivants. Mener des actions de désarmement, comme celle qui a permis de reboucher des drains nécessaires à la culture industrielle de maïs et participant à l'assèchement d'une tourbière exceptionnelle. Entrevoir le retour du Fadet des laîches et de l'Azuré de la sanguisorbe.

Nous mettrons désormais nos savoirs naturalistes au service des luttes territoriales pour alimenter leur diversité, leur puissance joyeuse et revitalisante, leur rôle décisif dans la construction de communs, entre humains avec et pour le vivant.

Naturalistes des terres

➡ Voir aussi Composition, Résistance, Vivant

# OUTRE-MER

## Pour des soulèvements décoloniaux de la Terre

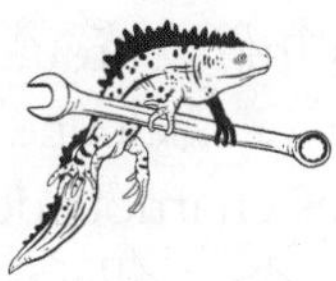

Le 27 mars 2023, deux jours après les événements de Sainte-Soline, les forces de police de la Martinique évacuaient un campement anti-chlordécone situé juste devant la Cour d'appel de Fort-de-France. Ce campement appelé *Lakou Kont Non-Lieu* fut installé le 25 janvier en réponse à la décision de « non-lieu » dans l'affaire du chlordécone, rendue par le tribunal de Paris le 5 janvier. Après plus de seize ans de procédure, le tribunal a estimé qu'il n'y avait aucune infraction, aucun délit ni aucun crime commis. « Prescription » ou « manque de connaissances scientifiques » deviennent les mots de la justification de l'impunité d'actes écocides de l'État, d'industriels et de planteurs. Pourtant, plus de 90 % des Antillais sont contaminés par cette molécule organochlorée aux conséquences délétères (retard de développement des enfants, réduction des périodes de grossesses et augmentation des risques de cancer de la prostate). Vendu, produit et utilisé par les planteurs de bananes, des années 1970 au milieu des années 1990, le chlordécone a entraîné une contamination durable des écosystèmes antillais pouvant perdurer plusieurs siècles.

Ce mépris des Antillais et de leurs écosystèmes s'abreuve dans les eaux immémoriales de la colonisation et de l'esclavage de l'Empire français. Ce même imaginaire raciste qui justifia l'exploitation des terres aux Amériques, en Afrique, en Asie et en Océanie, des autochtones et des transbordés pour le bien-être de la métropole coloniale et de leurs habitants. La relation de la France à la Terre est encore celle d'un habiter colonial. Les fruits enroulés d'un bandeau « bananes de Martinique et de Guadeloupe » continuent à trôner sur les étals et dans les charriots des supermarchés de l'Hexagone. Par contre, les collectifs locaux tels que *Lyannaj pou dépolyé Matinik*, *Lyannaj pou dépoliyé Gwadloup* ou encore *Zéwo klodécone zéwo pwazon* et leurs militants se voient criminalisés, mutilés, perquisitionnés, mis en prison et jugés, tout simplement parce qu'ils osent lutter pour la terre et exiger justice. Nous aussi, aux Antilles, connaissons ce deux poids, deux mesures, où celleux qui luttent pour la terre sont injustement traités.

Les théâtres de Sainte-Soline et des Antilles, et plus largement des Outre-mer, se répondent, avec pour même metteur en scène Gérald Darmanin, ministre de l'Intérieur *et des Outre-mer*. Sa politique de mutilation des corps des manifestants écologistes à Sainte-Soline et sa politique de déshumanisation pratiquée en outre-mer envers celleux qui n'aspirent, selon les mots de Frantz Fanon, qu'à la terre et la dignité, se rejoignent. Certes, les violences à Sainte-Soline et celles en Martinique ou à Mayotte (dans le cadre de l'opération Wuambushu) ne sont pas identiques. Les expériences du mépris colonial, patriarcal et raciste ne peuvent être noyées dans l'universalisme paternaliste d'une même lutte écologique « française ». Aux frontières ultramarines de la France, avec le Brésil, avec les îles caribéennes, avec l'archipel injustement tronqué des Comores, ou encore dans les quartiers populaires de l'Hexagone, nous savons que le racisme n'est rien d'autre qu'un refus du droit d'habiter la terre. Pour autant, si ces violences et ces dominations ne sont pas identiques, elles restent *communes*, témoignant d'une même politique de destruction de la terre et de déshumanisation d'une partie de leurs habitants ; une politique capitaliste et néolibérale imposée par la force.

Reconnaître ce commun d'aujourd'hui et d'hier, cette longue histoire d'un traitement discriminatoire des terres et mers colonisées par la France, des outre-mer et des quartiers populaires implique d'inventer ensemble des soulèvements en commun de la terre. *Les soulèvements de la terre seront décoloniaux ou ne seront pas*. Si l'agir ici pour l'ici reste fondamental, l'agir ici pour là-bas est tout aussi nécessaire. Dans les outre-mer, nous savons bien ce que signifie d'avoir toute l'organisation de l'habiter ici orientée pour l'habiter là-bas, notamment à travers la production de sucre à La Réunion et de bananes aux Antilles. Nous sommes en première ligne du réchauffement climatique, de sa montée des eaux et de ses cyclones dévastateurs, encore marqués par des inégalités en termes d'infrastructure et d'accès à l'eau, comme c'est le cas en Guadeloupe. Si les mouvements écolos de l'Hexagone ont aussi une grande expérience de l'agir ici pour là-bas quand il s'agit de pays étrangers, reste à trouver une alliance forte quand ce là-bas est celui des anciennes colonies françaises appelées « outre-mer ». Allons-nous continuer à regarder, la main sur le cœur d'une sympathie-sans-lien, ce spectacle d'une danse bananière et sucrière qui perpétue l'injustice coloniale et la destruction de la terre ? Ou allons-nous répondre à l'invitation d'Aimé Césaire ?

> *[...] gardez-vous de vous croiser les bras en l'attitude stérile du spectateur, car la vie n'est pas un spectacle, car une mer de douleurs n'est pas un proscenium, car un homme qui crie n'est pas un ours qui danse.*

Malcom Ferdinand

➡ Voir aussi État colonial, Indigènes, Prises de terres

# PAYSANNES ET PAYSANS

Être paysanne et paysan, c'est participer concrètement à défendre la Terre. C'est mettre en pratique, jour après jour, nos combats et nos luttes pour produire, pour nourrir, pour préserver et partager nos communs, et pour installer plus. Devenir paysan, c'est agir concrètement pour une meilleure répartition des terres agricoles tout en participant à la dynamique territoriale. Nous sommes beaucoup plus que de simples producteurs : nous sommes des acteurs majeurs du pays, qui cherchons continuellement à faire vivre ce pays et à y bien vivre. En un mot, être paysanne et paysan, c'est être résistant !

Alors des paysans-résistants, il nous en faut beaucoup : nous en voulons un million pour bâtir la souveraineté alimentaire, pour mener et pérenniser les transitions agroécologiques et pour garder vivantes nos campagnes.

Ce sont ces paysannes et paysans qui seront un rempart face aux destructeurs de tout poil qui font disparaître les terres sous le béton et le bitume ou qui accaparent nos communs pour leur profit et celui de l'agro-industrie. Nos terres disparaissent et les paysannes et paysans avec. Pourtant avec des politiques publiques volontaristes et ambitieuses nous pouvons inverser cette tendance.

Notre projet d'agriculture paysanne se veut un projet agricole, de société et de vie. Cette agriculture permettra de multiplier les installations, de préserver nos communs et de mieux les répartir pour produire une alimentation de qualité et dynamiser nos territoires.

Des paysannes et paysans nombreux dans nos villages, c'est la garantie d'une alimentation relocalisée et accessible ; ce sont des terres cultivées et diversifiées pour le bonheur de notre biodiversité ; c'est de l'élevage paysan porteur de sens pour celles et ceux qui le pratiquent et de lien fort entre paysans, animaux et territoires. Ce sont des emplois stables, des habitants et des familles qui redonnent joie et vie à nos territoires ruraux et c'est surtout un caillou dans la chaussure de celles et ceux qui ne voient la terre que comme un support à produire plus pour s'enrichir.

La terre n'est pas un simple support pour une croissance que certains considèrent comme infinie. Non, la terre mérite beaucoup plus d'attention et de soin de notre part, afin qu'elle puisse nous nourrir encore longtemps et nous permettre d'habiter sereinement cette planète.

Être paysanne et paysan, c'est donc agir comme un frein au néolibéralisme qui détruit nos vies, nos écosystèmes et nos communs. C'est être en première ligne de ce combat anticapitaliste en prouvant par la réalité de notre existence et de nos pratiques qu'un autre monde est possible : un monde où la terre, notre alimentation et les humains ne sont plus considérés comme des biens, des marchandises ou des esclaves corvéables à merci pour l'acquisition de points de croissance supplémentaires.

Être paysanne et paysan, c'est avoir toutes ces considérations en tête et tenter au mieux de les mettre en pratique chaque jour, en conjuguant la nécessité de mieux produire l'alimentation pour vivre bien et nos ambitions collectives pour demain. Le sujet de l'eau est donc central dans cette logique : de l'eau dans les sols et les nappes pour l'ensemble des paysannes et des paysans et une irrigation plafonnée, régulée et priorisée vers des actifs nombreux et des productions alimentaires locales.

Alors, rien de plus naturel, quand nous menons ce combat chaque jour dans notre métier, de participer activement avec d'autres et aux côtés des Soulèvements de la Terre à des mobilisations et actions recherchant la préservation de notre terre et de nos communs de manière générale. Nous visons le même objectif, il a simplement fallu nous apprivoiser pour aujourd'hui nous respecter et accepter les formes d'actions des uns et des autres, et même pour voir ces différentes formes d'actions comme une force et une opportunité.

Car oui, nous additionnons nos compétences et savoir-faire pour renforcer nos actions et la visibilité de nos combats communs. Sans cette alliance que nous avons su alimenter, sans l'addition savante des paysannes et paysans de la Confédération paysanne et des militantes et militants des Soulèvements de la Terre, les luttes pour le partage et la préservation des communs n'en seraient pas là aujourd'hui : tout en haut de l'agenda politique et médiatique.

C'est une réussite et un espoir qui renaît enfin !

L'urgence à agir nécessite que nos organisations joignent leur énergie tout en respectant les fondamentaux de chacun.

C'est important et majeur pour deux raisons.

En tant que paysanne et paysan, notre place est pleinement dans ce combat pour défendre l'eau, la terre et nos possibilités de produire demain, afin que d'autres n'écrivent pas à notre place et pour nous les moyens et les façons d'être paysanne et paysan demain.

Par ailleurs, nous sommes à l'aise pour porter ici, aux côtés des Soulèvements de la Terre et du mouvement social et écologique dans sa globalité, nos valeurs paysannes car elles y sont reconnues et respectées.

Pas de doute alors : syndicalistes, écologistes et paysannes et paysans résistants doivent trouver les moyens de continuer à unir leurs forces pour préserver la Terre et installer en France un million de paysannes et paysans dans les vingt ans qui viennent.

La Confédération paysanne

➡ Voir aussi État colonial, Foncier

# PRISES DE TERRES

## Reprendre et déprendre la Terre à ceux qui l'effondrent

Conquêtes coloniales, spoliation des communs par les enclosures, dégâts des usines industrielles : le capitalisme est né d'une *prise* violente de terres et de milieux de vie nourriciers.

On doit à Rosa Luxemburg d'avoir analysé ces dépossessions non seulement comme inaugurales, mais comme récurrentes et constitutives du capitalisme. Et au théoricien nazi Carl Schmitt – qui glorifiait ainsi l'ordre colonial instauré depuis 1492 et l'ordre nazi qui s'étendait sur l'Europe – d'avoir observé que ces *prises de terre* violentes étaient fondatrices de l'édification d'un nouvel ordre sociopolitique. Un nouveau régime politique implique un coup de force foncier.

À l'âge industriel cette *prise de terre* s'opère au nom de la production : est légitime à accéder au territoire celui qui fait preuve de sa capacité à produire en masse pour le marché. Les milieux et processus naturels, jugés sous-optimaux, les formes de subsistance, jugées sous-développées, et les peuples colonisés, décrits comme incapables de « mettre en valeur » leurs « ressources » pour le marché mondial, sont dépossédés de leur souveraineté.

À cette prise de terre coloniale s'ajoute une colonisation intérieure des campagnes hexagonales comme « déserts » à développer, désenclaver, industrialiser. Pour implanter des infrastructures (usines, routes, aéroports, raffineries, etc.), on présente le territoire comme vide d'autres usages légitimes. L'avènement de l'agriculture dite « moderne » est aussi une prise de terres. Aménagements matériels (drainages, remembrements…), technologies (machines, biocides, génétique) et réglementations permettent à l'État modernisateur, allié à la FNSEA, d'octroyer un monopole d'usage de l'espace rural à une minorité d'« exploitants ». L'accès à la terre se voit conditionné à l'exercice d'une agriculture inscrite dans les circuits du capitalisme industriel, consommatrice de machines, de carburants, d'engrais, de pesticides et d'eau, et fournisseuse de l'agroalimentaire.

Si les années 1950-1960 ont parachevé 1789 en évinçant les propriétaires non-exploitants et les notables (statut du fermage, fin de l'agrarisme), la *prise de terre* par les acteurs agro-industriels a aussi exclu du territoire des millions de paysan·nes (de 7 millions d'actifs agricoles à 400 000 aujourd'hui). Confié à une minorité d'exploitants qui dominent la terre par les machines, le pétrole et la chimie, l'espace rural est déserté pour devenir un centre de production de « biomasse ». La *prise de terre* agro-industrielle s'approprie l'eau et dégrade sa qualité (nitrates, pesticides). Elle élimine les vivants jugés improductifs (races et variétés diverses remplacées par des organismes standardisés). Et elle décime les vivants comptés pour rien : millions d'abeilles chassées dès les années 1950 des zones de grande culture pesticidées, oiseaux en chute de 30 % depuis 1989, bactéries et microfaune réduite des sols appauvris, et tout un cortège d'espèces victimes du recul des zones humides et d'une polyculture-élevage paysanne propice à la biodiversité (prairies permanentes, haies vives, etc.)[1].

À ces prises de terres du capitalisme industriel, s'en ajoutent à présent de nouvelles : celles de l'agriculture numérisée et robotisée ; celles du capitalisme numérique avec ses mines et ses infrastructures ; celles de l'« économie verte », ses mécanismes de « compensation » biodiversité et ses « marchés du carbone ». Et ces prises affectent tous les éléments : l'eau, avec les accaparements (pompages et mégabassines), l'air, avec la carbonisation de l'atmosphère, le ciel avec les satellites…

Ces multiples dépossessions localisées font du capitalisme une *prise de Terre*, avec ce privilège géologique inouï de nous sortir de l'Holocène. Face à ce coup de force, les Soulèvements de la Terre posent l'hypothèse politique qu'aucune émancipation sociale ni aucune bifurcation

1. Données sourcées dans https://www.terrestres.org/2021/07/29/la-modernisation-agricole-comme-prise-de-terre-par-le-capitalisme-industriel/

écologique n'est possible sans que ces prises de terre ne soient défaites. Sans que les normes, infrastructures et technologies qui les outillent ne soient désarmées. Sans que des millions d'hectares ne soient *repris*, habités, soignés. *Reprendre* la terre au productivisme agricole, c'est bien sûr la repeupler de collectifs humains pratiquant une agriculture nourricière paysanne et solidaire. Mais c'est aussi *déprendre* la Terre de l'hégémonie de la production, pour permettre une diversité enchevêtrée d'usages et de tissages des milieux par de multiples vivants, y compris ceux qui ont besoin de notre distance bienveillante pour s'épanouir.

Les Soulèvements de la Terre offrent ainsi un nouvel horizon à une vieille écologie gestionnaire qui n'a su, en trois décennies de participation gouvernementale, éviter le désastre ; à un monde agricole livré à la concentration industrielle par son syndicat dominant ; et au « mouvement climat », qui peut désormais passer de revendications abstraites à des luttes situées pour défendre des terres (en campagne comme en ville) et y stopper les entreprises écocidaires.

Christophe Bonneuil

➡ Voir aussi Paysannes et paysans, Kapitalocène, Foncier

# QUEER

Vous ne l'avez peut-être pas remarqué, mais le vivant a toujours été *queer*. Depuis des siècles, humains et non-humains excèdent, tordent et transforment les cadres normatifs au sein desquels on souhaite les maîtriser ou les domestiquer.

Depuis des siècles, des catégorisé·es comme pervers·es, hystériques, sauvages, déviant·es ou contre-nature fomentent, dans l'ombre vivace de marges politiques, d'autres perspectives sur notre condition de terrestres.

Depuis des décennies, des militant·es, qu'iels se revendiquent aujourd'hui comme LGBTQI ou qu'iels résistent différemment aux normes sexuelles et de genre hégémoniques, font émerger d'autres formes de vies et de manières de vivre ensemble.

Que vous leur prêtiez attention ou non, iels produisent également des analyses sur la manière dont le technocapitalisme tardif les exploite, après les avoir constitué·es comme malades, fléau social ou criminel·les.

Iels squattent et réinventent les technologies de soin, transforment les milieux militants, organisent et participent aux actions directes pour la justice climatique, contre les énergies fossiles et les mégabassines.

Depuis des décennies, iels habitent parfois les mêmes ZAD ou créent des communautés autonomes afin de se défendre et de se protéger des violences politiques et sociales qui les visent continuellement.

Depuis des décennies, iels se font aussi arrêter, enfermer, tuer pour ce qu'iels incarnent, au nom de leur droit à la dignité, de la protection ou de la défense de territoires et d'écosystèmes menacés au sein desquels iels vivent.

Iels vous soutiennent, vous aiment du mieux qu'iels le peuvent, font parfois l'amour avec vous, vous critiquent ou s'opposent à vous, mais iels sont là, à vos côtés, partie intégrante de notre mouvement de résistance complexe.

Aujourd'hui, cette réalité doit interpeller des soulèvements écologistes confrontés à une criminalisation croissante. Si favoriser de nouvelles complicités politiques entre les luttes est urgent, reconnaître et protéger la puissance de ses propres forces en présence et à venir l'est tout autant.

Il ne s'agit pas là d'une simple visibilité, d'un énième management militant de la diversité, processus de capture bien connu du néolibéralisme estampillé comme progressiste. Il s'agit de définir collectivement ce que nous souhaitons garantir lorsque nous parlons de terre qui se soulève ou de nature qui se défend. De sorte qu'il n'y ait plus de « nous » et de « vous ».

Simultanément aux attaques politiques les plus récentes à l'encontre des mouvements écologistes, les attaques légales mené·es contre les vies racisé·es et les personnes LGBTQI en France et dans différents pays du monde se multiplient sans que, trop souvent, les autres luttes ne s'en émeuvent.

Incapables de reconnaître la manière dont nous sommes tous·tes intrinsèquement lié·es et façonné·es par nos attachements à la technosphère, les idéologies réactionnaires et protectionnistes de la « nature », des corps et de pratiques rêvées comme naturelles témoignent d'une vigueur alarmante.

Parfois revendiquées comme décroissantes, technocritiques, voire écoféministes, ces visions méritent aujourd'hui des positionnements clairs en raison des stigmatisations qu'elles reproduisent. Or ce travail terminologique et politique est loin d'être évident entre nous, militant·es écologistes et-ou LGBTQI, notamment dans des moments de crise prompts à faire émerger des boucs émissaires.

Trop souvent, le silence – la gêne et la confusion régnant encore à l'endroit de nos normes intimes – prévaut sur la volonté de remettre au travail les binarités et dualismes qui définissent nos subjectivités et nos comportements. Trop souvent, les queers restent des terrestres de seconde zone.

Ces positionnements ne pourront s'incarner que si nous affrontons l'enjeu de ce qui constituerait matériellement la défense d'un vivant interespèces et de vies dignes d'être vécues dans les ruines du capitalisme.

En cela, le queer signifie bien plus qu'une identité stratégique ou qu'une théorie. C'est un mouvement qui secoue le présent, un mouvement de résistance face à l'appauvrissement considérable dans lequel nous plongent nos constructions sociales, intrinsèquement liées à la reproduction sociale du capitalisme. Le queer est la reconnaissance de nos hybridités, l'insurrection d'un désir fiévreux et non dogmatique d'habiter plus pleinement nos corps, nos sexualités et nos sensibilités, le besoin vital de mettre en crise tout ce qui obstrue nos puissances de vie et nos manières d'organiser nos relations.

C'est une promesse, un appel à nous rendre plus attentifs à la manière dont mutent et se maintiennent les oppressions, dont les formes de vulnérabilités systémiques s'exacerbent à chaque crise écologique, sanitaire et-ou sociale.

À l'heure où la fascisation des pratiques et des cadres de pensées politiques compromet le respect et la dignité de nos existences, la construction de futurs désirables nécessite que nous puissions, ensemble, non seulement protéger les existences queers, mais aussi apprécier les horizons qu'elles ébauchent inlassablement pour nos soulèvements communs.

Cy Lecerf Maulpoix

➡ Voir aussi Composition, Écoféminisme, Vivant

# RÉSISTANCE

Combien sont-ils ceux qui organisent la misère économique et existentielle ? Ceux qui accaparent nos biens communs ? Ceux dont l'industrie dévaste et empoisonne la terre, l'eau et l'air ? Ceux qui gèrent, planifient et exploitent ? Combien sont-ils ceux qui jouissent du désastre ?

Depuis longtemps déjà, ils nous ont déclaré la guerre. Guerre au vivant, guerre aux pauvres, guerre aux exilé·es, guerre contre toutes celles et ceux qui en raison de leur condition, de leur sexe, de leur couleur sont relégué·es au rang de subalternes. À quoi donc tient « cette soumission du plus grand nombre au plus petit » ?

Combien sommes-nous ? Combien sommes-nous à vouloir reprendre, défendre et choyer la terre ? À vouloir prendre soin de nos proches et de nos prochains ? À opposer notre hospitalité généreuse et nos hybridités amoureuses à l'hégémonie national-fasciste, nos solidarités à l'individualisme libéral ? Combien sommes-nous à désirer plus d'autonomie politique et matérielle ? Combien sommes-nous à vouloir vivre une vie bonne et à être convaincus que, pour la mener, il nous faudra les empêcher de nuire ?

Par la force de leur police, ils croient pouvoir nous submerger. Ils croient pouvoir nous écraser en tirant des grenades meurtrières, nous neutraliser par la peur de la mutilation et de la prison. En 2019, ils ont fini par mater le soulèvement des Gilets jaunes. Depuis, ils sont convaincus de tout pouvoir passer en force. La casse des retraites, le flicage des chômeurs et le dépeçage du service public. Les rafles à Mayotte et le renforcement décomplexé du racisme d'État. Les mégabassines, les autoroutes, les carrières de sable, l'empoisonnement aux pesticides et les fermes-usines.

Mais le dernier mot est-il dit ? L'espérance doit-elle disparaître ? Faut-il sombrer dans l'éco-anxiété et le fatalisme ? Faire le dos rond et cultiver sa *résilience* individuelle ? Non, certainement pas ! Parce que nous ne sommes pas seul·es. L'heure n'est plus aux revendications. L'heure n'est plus à espérer une alternance électorale. Elle est au dépassement des mouvements sociaux, c'est-à-dire à l'*organisation de notre nombre en force*. Le temps est venu d'entrer en *résistance*.

Loin de nous la volonté de mimer les communistes, et encore moins les gaullistes, de jadis. Nous ne sommes pas nostalgiques d'un mythe nationaliste forgé pour faire oublier le très petit nombre de résistants et la collaboration massive des Français. En revanche, quelque chose nous appelle dans l'imaginaire et les pratiques des partisan·es d'hier. En bien des lieux, des continents et des époques, ils ont livré bataille contre des forces infiniment plus grandes qu'eux et dans des situations en apparence désespérées.

Entrer en résistance, c'est organiser nos forces – si infimes soient-elles – pour agir. « Tirer le frein d'urgence », disait Walter Benjamin. Se saisir avec Simone Weil du paradoxe du gouvernail, par lequel une « petite force dirigée l'emporte sur une grande force aveugle ». Partout, tout le temps, le pouvoir exerce sa force brute. Partout, une minorité organisée peut lui opposer une résistance. Se défendre. Tenir le choc. Faire obstacle. Infléchir le cours des choses. La résistance n'est pas seulement opposition à une force, elle est force d'opposition. C'est-à-dire puissance de construction immédiate d'autres mondes, *dans et contre* ce monde.

Si l'action des partisan·es d'hier peut servir de boussole aux Soulèvements de la Terre, nous indiquer une direction, c'est celle de la construction d'un réseau de résistance. Fermons les yeux et imaginons. Imaginons un réseau organisé qui trame des liens et des complicités dans les arrière-salles des cafés, les cours des fermes, les lieux de travail et d'étude, les places des villages et les cages d'escalier, jusqu'aux couloirs des administrations. Imaginons un réseau qui se fonde sur un maillage de comités locaux qui relie des bandes de potes, des collectifs, des sections syndicales, des coopératives, des associations… Imaginons un réseau qui regroupe une grande diversité de sensibilités et de cultures politiques autour de cibles et d'objectifs communs. Un réseau capable de déployer une stratégie et de réitérer des gestes coordonnés aux quatre coins de la France :

– partager des outils de formations, d'enquête et d'autodéfense pour planifier des actions efficaces contre des cibles emblématiques de l'accaparement et du bétonnage ;

– appuyer et renforcer des luttes locales, consteller le territoire de foyers de résistance reliés les uns aux autres, peser dans le rapport de force national et global pour la défense de la terre ;

– désarmer méthodiquement, de jour comme de nuit, en masse ou en petits groupes, les infrastructures du complexe agro-industriel et de la filière béton ;

– partager ses compétences professionnelles ou faire fuiter des informations confidentielles glanées au boulot, pour dévoiler des points de fragilités, peaufiner des méthodes, désigner des cibles ;

– établir des lieux aux parfums de maquis, depuis lesquels inventer de nouvelles formes de vie commune, de subsistance, forger des alternatives et fomenter de futures offensives.

Là réside peut-être le devenir des Soulèvements de la Terre.

Kassim Niamanouch

➡ Voir aussi Désarmement, Violence et contre-violence, Urgence climatique

# SAISONNALITÉ

À travers les bouleversements politiques et cosmologiques de notre époque, les luttes sociales et écologistes se mêlent et se territorialisent. Elles retrouvent des enjeux primordiaux, vitaux : la terre, l'eau, les usages, les manières de se nourrir et d'habiter. Ce vaste mouvement, qui alimente et que nourrissent en retour les Soulèvements de la Terre, aspire à construire des formes d'autonomie politique et matérielle, à reprendre collectivement en main notre subsistance, notamment les activités paysannes.

Lorsqu'on évoque de tels projets, se pose rapidement la question des habitants des métropoles, et on sent bien que les jardins ouvriers et les potagers urbains, bien qu'essentiels, ne pourront suffire. Une solution consisterait à renouer avec une pratique qui a été courante par le passé et qui l'est encore dans certaines régions du monde : l'oscillation saisonnière, c'est-à-dire de grands déplacements de population depuis les centres urbains vers les campagnes au moment où les activités paysannes ont le plus besoin de main-d'œuvre.

À l'échelle de l'histoire de l'humanité, ces oscillations ne touchaient pas seulement les modes de subsistance mais pouvaient concerner tous les domaines de l'existence, depuis les formes d'organisation politique jusqu'aux noms portés par les personnes. Marcel Mauss disait des Inuits qu'ils disposaient d'une « double morphologie », de « deux structures sociales, une d'été et une d'hiver », et donc de « deux droits et deux religions ». Les Inuits voyaient ainsi leur monde se transformer deux fois par an, lors du passage entre un nomadisme estival et de grands rassemblements d'hiver qui dissolvaient jusqu'aux règles du mariage. Les Nambikwara qui ont accueilli Lévi-Strauss étaient alternativement des petits groupes hiérarchisés de chasseurs-cueilleurs et de grands collectifs égalitaires d'horticulteurs. Les progrès de l'archéologie ont permis de réinterpréter des constructions architecturales monumentales dont on trouve des versions au Proche-Orient, en Amérique du Nord ou au Japon : on y voit désormais des cités dont l'occupation était saisonnière, rassemblant à certaines périodes de l'année des dizaines, voire des centaines de milliers de personnes, avant d'être abandonnées, parfois en partie détruites, jusqu'à l'année suivante[1].

1. David Graeber et David Wengrow, *Au commencement était…*, Les Liens qui libèrent, 2021.

Renouer avec les oscillations saisonnières ne signifie pas que, après quelques semaines de paysannerie, les urbains rentreraient simplement chez eux avec leur cagette de légumes individuelle. Il s'agirait au contraire de construire de vastes réseaux d'entraide qui s'organisent de façon ascendante à l'écart des normes dominantes et de l'économie de marché. Nous aurions ainsi l'occasion d'expérimenter des rapports au monde contrastés – en passant d'une structure étatique à des formes de communalisme et vice versa –, des manières distinctes de subvenir à nos besoins, de nous lier entre humains et avec les non-humains qui habitent un territoire, de nous organiser et de penser la politique. Parvenir à imposer aux États la coexistence avec ce type de fédérations autonomes serait non seulement une façon de bâtir des institutions alternatives mais aussi de constituer une arme puissante de transformation des États eux-mêmes. Ancrer l'imagination politique dans le réel tout en s'attaquant à l'impuissance dans laquelle nous maintient notre dépendance au marché permettrait de compléter les formes de luttes plus traditionnelles et de pallier leurs faiblesses[1].

Contre deux siècles d'idéologie bourgeoise construite sur la possibilité de faire faire à d'autres ce qu'on n'a pas envie de faire soi-même, contre le christianisme des dominants qui a détruit les rites païens, les oscillations saisonnières

1. Philippe Descola et Alessandro Pignocchi, *Ethnographies des mondes à venir*, Seuil, 2022.

permettraient par ailleurs de réenchevêtrer organiquement les activités festives et rituelles dans les pratiques de subsistance, contribuant ainsi à les rendre plus intenses et plus désirables. Les liens à la terre qui se nouent de cette façon ne sont pas, comme dans les perspectives réactionnaires, des liens qui touchent au sang, à la naissance, à une identité immuable et excluante. Ce sont des liens qui se construisent par les usages, les façons d'habiter et de contribuer à l'autonomie – des liens fluides que n'importe qui peut s'approprier et contribuer à enrichir. Se sentir progressivement maillés par ces liens-là nous transforme et fait de nous des humains bien différents de celles et ceux que nous sommes devenus au sein du libéralisme autoritaire. Les attaches affectives, les savoir situés, les réflexes politiques qui se construisent de cette manière, en accord avec les spécificités sociales et écologiques des milieux de vie, nous rendent mieux à même de penser les activités de subsistance et l'ensemble de notre façon d'être au monde, en bonne entente avec les autres vivants et les dynamiques naturelles.

Alessandro Pignocchi

➡ Voir aussi Paysannes et paysans, Joie, Subsistance

# SOIN

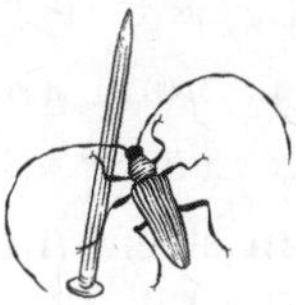

Partout, les veines de la Terre sont ouvertes et le sang versé. Constructions d'autoroutes, bétonisation de terres maraîchères, enfouissement de déchets nucléaires, accaparement de l'eau dans des mégabassines… L'ensemble des corps, individuels et collectifs, sociaux et environnementaux, sont mis en péril sous les assauts répétés d'un système économique et politique mortifère. Le vivant est objectivé et transformé en matière première d'un capitalisme globalisé. Les énergies physiques et psychiques sont capturées pour alimenter les infrastructures d'un corps artificiel qui réitère quotidiennement la coupure entre les humain·es et leurs milieux de vie. Le traumatisme engendré par la multiplication des catastrophes écologiques est renforcé par la répression d'un pouvoir qui cherche à tout prix à maintenir l'unité fantasmée d'un corps national en déréliction. Notre condition contemporaine semble se confondre avec celle d'un grand corps malade, parce que attaqué et blessé par des siècles d'exploitation et d'extractivisme.

Alors, partout la Terre se soulève pour répondre à ces attaques et nous dire la nécessité qui s'impose de *lutter* pour défendre les milieux de vie que nous habitons et de *soigner* les relations qui les constituent. Il ne s'agit plus seulement de protéger des « ressources naturelles » ni de gérer les « services » que nous rendrait une nature considérée comme extérieure à notre condition humaine, mais de nous mettre à l'écoute des autres vivants et de régénérer les attachements terrestres dont nos existences dépendent. Il s'agit de comprendre que nous faisons partie de la Terre et que la destruction des milieux de vie se confond avec celle de nos propres existences. Car la Terre n'est pas le corps-propriétaire produit par l'État-Capital ni la machine mise au travail pour la production industrielle. Elle est la trame vivante et enchevêtrée d'une multiplicité de formes de vie liées les unes aux autres par des relations d'interdépendance et de coaffection. Elle est la chair collective, fruit de siècles de coévolution, de cohabitations et de collaborations interspécifiques. Elle est le corps-territoire auquel nous appartenons. Lorsque les féministes amérindiennes et latino-américaines parlent de « corps-territoire », c'est pour nommer la relation intrinsèque qui lie leur corps singulier et celui de leur communauté à des territoires multispécifiques, pour combattre un pouvoir patriarcal et colonial en affirmant la puissance d'un corps collectif, pour défendre et soigner le lien vivant qui les unit aux autres formes de vie. Le défi lancé consiste à tenir ensemble ces deux injonctions apparemment contradictoires que sont lutter et soigner.

*Soigner en luttant.* Prêter attention aux relations qui nous font tenir ensemble et qui nous font tenir à la Terre. Renforcer nos puissances d'agir en intégrant les dimensions psychique et spirituelle. Éviter les pièges tendus par le pouvoir qui divise pour mieux régner, qui blesse pour terroriser, qui rend passif et assujettit. Mais aussi, faire attention à ne pas devenir nous-mêmes les ennemis de nos propres corps et, pour cela, renoncer à la posture viriliste et guerrière d'un combat dont le seul objectif serait la prise de pouvoir. Car il y a là le risque de reproduire le système que l'on entend abolir et de réduire les militant·es à des moyens sacrifiables au profit d'une finalité qui les dépasse et que seuls quelques « héros » seront capables d'atteindre. Il s'agit au contraire de rompre avec cette logique instrumentale en accueillant la singularité irréductible de chaque être, de chaque corps, en écoutant les émotions et les fragilités de chacun, en construisant des réseaux d'entraide et de solidarité, en inventant des rituels de désenvoûtement collectif et des techniques de ruse pour affronter l'ennemi tout en l'esquivant.

*Lutter pour soigner.* Pour contribuer, là où nous vivons et avec celles et ceux avec qui nous vivons, à tisser et à renouveler les trames de nos corps-territoires. Soigner les milieux en souffrance en revitalisant les terres appauvries et en laissant foisonner plantes et animaux. Dépolluer et désartificialiser les terres tout en nourrissant les dynamiques écosociales. Réinscrire nos pratiques de subsistance et nos attachements sensibles dans les temps longs des cycles terrestres. Savoir prendre des perspectives autres qu'humaines et imaginer des apparentements multispécifiques en tenant compte, dans nos institutions, de la multiplicité des voix et des allures qui donnent formes aux corps-territoires. Et, par nos alliances interspécifiques, incorporer et ritualiser notre condition terrestre.

Soigner les luttes, c'est soigner nos interdépendances et nos coaffections à travers des personnifications-chimères, humain-anguille-rivière ou humain-triton-bocage, et faire advenir des peuples-forêts, des peuples-montagnes ou des peuples-rivières. C'est transformer notre vulnérabilité en puissance commune et la blessure de l'événement en métamorphose collective.

Sophie Gosselin et David gé Bartoli

➡ Voir aussi Base arrière, Blessure, Terrestre

# SUBSISTANCE

Jour après jour, nous nous enfermons dans un mode de développement dont nous savons pourtant qu'il remet en question l'habitabilité de notre planète, et donc notre subsistance à toutes et tous. Le paradoxe est que cette situation est étroitement liée à une promesse constitutive de nos sociétés industrielles : *régler définitivement le problème de la subsistance*, au sens d'en finir avec la faim, la soif, le mal-logement et la maladie, en confiant la satisfaction de nos besoins à un système de production de masse fondé sur la synergie entre la science, l'État et le capital. Comme si la question de la subsistance n'était pas vouée, par définition, à se reposer tous les jours pour tout le monde.

Cette obsession absurde s'est souvent parée des atours de l'intérêt général, de l'efficacité et de la science. Elle témoigne surtout du mépris pluriséculaire des puissants envers les pratiques de subsistance et les populations subalternes qui les assurent. Elle est aussi l'aboutissement d'un projet politique tenace : mettre ces populations sous dépendance, afin de les contraindre au salariat. Ce projet ne passe pas seulement par l'accaparement des ressources (les enclosures), mais, par une véritable « guerre contre la subsistance » (Ivan Illich), menée contre la capacité des personnes et des communautés à pourvoir à leurs besoins[1]. Il conduit à notre société insensée, qui dévalorise les activités vitalement nécessaires et les populations qui en ont la charge (précarisées, féminisées, racisées) : cultiver la terre, faire à manger, fabriquer des choses utiles de ses mains, prendre soin des personnes vulnérables – injustice sociale dont nous prenons fugacement conscience, à chaque grande crise, sans redistribuer équitablement ces tâches.

Désormais, c'est une classe de technocrates et d'entrepreneurs (majoritairement masculins et cravatés) qui définit les besoins et gère les territoires, en maintenant les gens concernés à l'écart. La standardisation des modes de vie n'a d'égale que l'artificialisation généralisée des milieux : tout ce qui fait obstacle à l'optimisation capitaliste des ressources est aplani et écrasé à coups de bulldozers, d'explosifs et de produits toxiques – outils qui sont indifféremment utilisés par les forces armées, l'agro-industrie et le BTP.

La guerre contre la subsistance se mène sur trois fronts simultanés : d'un côté, on disqualifie les savoirs liés à la

1. Veronika Bennholdt-Thomsen et Maria Mies, *La Subsistance. Une perspective écoféministe*, La Lenteur, 2022.

subsistance, par définition vernaculaires, en les ringardisant ou en les criminalisant ; de l'autre, on impose l'idée étrange que la vie est mieux garantie par le développement des échanges marchands et la propriété privée que par l'accès commun aux ressources permettant la subsistance ; enfin, on réprime tout soulèvement contre ce nouvel ordre du monde. La dépossession industrielle use et abuse de violence physique, réglementaire et judiciaire contre celles et ceux qui n'attendent pas la prochaine élection pour signifier leur désaccord.

Même si nous avons largement perdu le contact avec la fabrique concrète de ce qui nous permet de vivre, les pratiques de subsistance et les savoir-faire correspondants n'ont pas pour autant totalement disparu – et encore moins la conscience de leur importance. Nous savons toutes et tous que le travail de subsistance, parce qu'il est lié au vivant et à la nature qui échappent en partie à notre contrôle, ne peut ni se planifier de manière bureaucratique, ni se déléguer à des logiciels ou à des robots. Et dès que nous nous lançons dans une lutte, que ce soit pour tenir une grève, occuper un site ou organiser un camp, la question du ravitaillement se pose. Son importance est illustrée par un précepte militaire de base : détruire les réserves de l'ennemi et ses infrastructures de production, lui couper non seulement les munitions, mais aussi les vivres. De même, notre impuissance à freiner ou à infléchir notre désastreuse trajectoire socioécologique n'est-elle pas liée à notre dépendance totale envers un système industriel qui nous nourrit, tout en sapant à terme les conditions de notre subsistance ? Ne faut-il pas trouver les moyens de sortir de cette impasse, en desserrant l'étau mental et matériel qu'elle fait peser sur nos capacités d'agir et d'imaginer un autre monde ?

Il nous semble illusoire de penser que l'on puisse construire un monde plus juste et soutenable sans nous réapproprier concrètement nos conditions de vie, c'est-à-dire défendre et reprendre des terres, réenclencher des cycles de subsistance et réinventer localement des collectifs de vie. C'est de cette conscience active que se nourrissent les Soulèvements de la Terre. Voilà pourquoi ce mouvement constitue aujourd'hui, dans notre pays, la riposte la plus prometteuse à la guerre contre la subsistance qui fait désormais rage sous la forme d'une *politique de la terre brûlée*, au sens propre et figuré.

Geneviève Pruvost, Aurélien Berlan

➡ Voir aussi Autonomie, Paysannes et paysans, Saisonnalité

# TECHNOLOGIES

– Marcelle : […] Tiens, on parlait de la prétendue neutralité des technologies… Je t'ai déjà raconté l'affaire de la machine à ramasser les tomates ? L'université de Californie avait passé des décennies à améliorer une récolteuse « performante ». En 1978, des agriculteurs ont porté plainte contre elle pour les conséquences de ses travaux : suppression massive d'emplois, disparition des petites exploitations… Toi, le paysan qui autoconstruit ses outils, ça t'évoque quoi ?

– Marcel : Tu vois, je suis confronté chaque jour à cette question du rapport aux machines, aux technologies, appelle-les comme tu veux. À l'Atelier paysan, on s'est engagés dans un travail de recensement des dépendances créées par la mal nommée *modernisation agricole* : l'escalade technologique du complexe agro-industriel nous a rendus captifs des industries de pesticides, machines agricoles et engrais de synthèse. Elle nous a précarisés en nous réduisant à de simples fournisseurs, chacun spécialisé dans une matière première standardisée. Une fois les équipements développés, achetés puis déployés, ils déterminent toute ta production et il est très difficile de s'en défaire. Le modèle agricole conventionnel productiviste est ainsi verrouillé. S'y ajoutent des dépendances ultérieures. Comme un contrat, les choix technologiques engagent dans le temps, tant individuellement que collectivement.

– Marcelle : En fait vous voulez des communautés paysannes technologiquement autonomes plutôt que de vous en remettre à des tracteurs automates ?

– Marcel : Bien vu ! En prenant collectivement le pouvoir sur les savoirs techniques pour faire communauté autour de l'outil, ce qu'on vise c'est l'autonomie. On ne cherche pas à s'affranchir de toutes nos dépendances mais plutôt à en faire l'inventaire afin de choisir en conscience celles qui nous asservissent le moins. L'outil qu'on sait entretenir, qu'on peut faire réparer ou ajuster par un artisan de la commune voisine, celui dont on peut se passer ou qu'on peut partager dans une CUMA (Coopérative d'utilisation de matériel agricole), cet outil nous émancipe. À rebours de l'ingénierie industrielle – descendante, normative, standardisée –, notre démarche de conception est ascendante : par l'usage, adaptée aux besoins réels et sobre. Car plus les écosystèmes sont diversifiés et complexes, plus les machines doivent être simples et faire appel à un haut niveau de savoir-faire et de sensibilité paysanne.

– Marcelle : Émancipatrice ou aliénante, paysanne ou industrielle, ce que tu me racontes là, Marcel, illustre ce que j'essaie de montrer dans mes recherches : les technologies façonnent et structurent le monde social et le monde sensible. Quand tu adoptes une technologie, tu adoptes le monde qui va avec ! Celles du complexe agro-industriel, récolteuse à tomates, mégabassines ou pesticides portent en elles la centralisation et l'agrandissement des exploitations : la taille moyenne des fermes était inférieure à 20 hectares en 1960, aujourd'hui c'est 70. En 1946, la population agricole représentait plus d'un tiers de la population active. C'est moins de 2 % aujourd'hui. Cela montre bien que la rhétorique officielle a beau prôner la coexistence des modèles, en fait concentration, suréquipement technologique et surcapitalisation ont bien une logique hégémonique. Le machinisme agricole a eu déjà de lourdes conséquences : ethnocide paysan, endettement systémique, perte massive de la biodiversité et stress hydrique, artificialisation et érosion des sols, accaparement de la terre, à tel point qu'aujourd'hui elle n'a plus d'autre choix que de se soulever.

– Marcel : C'est pour cette raison que la « troisième révolution agricole » incarnée par le triptyque « numérique, robotique, génétique » et subventionnée à coups de milliards d'euros est une déclaration de guerre à l'agroécologie paysanne. L'agriculture numérique nous promet de produire plus pour nourrir la planète tout en la préservant. C'est le même esprit productiviste que dans les années 1960 mais repeint en vert. La boucle infernale « s'endetter, s'équiper, s'agrandir ou disparaître » a déjà causé trop de tort. Comment l'intensification de ce modèle qui a causé cette catastrophe pourrait-elle la résoudre ? Il est urgent de bâtir une agriculture intensive en travail humain !

– Marcelle : Tu as raison, on est en train de reproduire les erreurs du passé alors que plus de la moitié de la population active agricole va partir à la retraite d'ici 2030. L'enjeu est trop fort : alors qu'il faudrait promouvoir des installations par millions, leur « agriculture 4.0 » inaugure un nouveau cycle de disparition de la population agricole, d'accaparement et de concentration des terres, passant d'une agriculture de fermes à une agriculture de firmes.

– Marcel : Le cauchemar…

– Marcelle : On est d'accord qu'il n'y a pas moyen qu'on laisse faire sans réagir, hein Marcel ? Tu ne m'avais pas dit qu'il y avait une usine à robots autonomes récolteurs de tomates qui vient de s'installer près de chez toi ? Ça te dirait de rejouer leur procès version Soulèvements de la Terre ?

– Marcel : Totalement, on va lui faucher l'herbe sous le pied à l'agriculture numérique !

Marcelle et Marcel

➡ Voir aussi Paysannes et paysans, Luddisme, Www.toxique-village-global.com

# TERRESTRE

La Terre se soulève : l'eau se perd dans des cycles déboussolés, les vents se déchaînent, les sous-sols s'affaissent, les forêts s'embrasent. Comme si la Terre sabotait de l'intérieur la fiction de la maîtrise et de l'abondance capitaliste : manque d'eau pour arroser les monocultures agro-industrielles, refroidir les centrales atomiques, fabriquer des puces électroniques ; manque de terres, de forêts et de mers vivantes ; manque de minerais pour assurer l'expansion énergétique de la « transition ». Il ne reste plus à l'ordre industriel et capitaliste qu'à accélérer la captation des ressources raréfiées, jusqu'à l'usage de la force brutale comme à Sainte-Soline, et à laisser miroiter l'invention d'outils techniques capables de juguler les forces telluriques qu'il a déchaînées, voire de terra-former d'autres planètes.

Ces soulèvements de la Terre donnent à éprouver au plus profond ce que la fiction capitaliste a nié et a fait oublier : notre condition terrestre, l'appartenance à une toile de vie qui excède les humains, la confrontation à des forces inhumaines. Les alertes des scientifiques prennent corps, les cadres de pensée et les univers sensibles vacillent. La modernité techno-industrielle, qui promettait de libérer les humains de leurs attaches terrestres, s'abîme dans une affolante dystopie et sème la désolation. L'injonction à briser ces liens, au nom d'une émancipation à venir, s'est conjuguée en réalité avec la destruction des conditions matérielles de l'autonomie, avec l'aliénation au capital.

La mise à distance de la Terre, réduite à un objet, une surface à aménager, fabrique un monde de colons excluant toute convivialité entre humains et autres qu'humains. Elle autorise la hiérarchie et le tri entre les humains. Elle nie dans un même mouvement la part spirituelle de la nature et la part naturelle de l'humain. Arpenter à nouveau les chemins terrestres, c'est retrouver les traces enfouies des vaincu·es de la modernisation, prendre au sérieux d'autres cosmogonies, se délester de l'anthropocentrisme en se laissant traverser, décentrer et déstabiliser par d'autres points de vue. C'est éclairer le monde de l'esprit des choses, des lieux et des vivants.

L'expérience concrète des limites, la confrontation à la matière libèrent de la religion de la croissance et donnent à ressentir à la fois la vulnérabilité et la robustesse de nos existences. Dans les mondes terrestres, la coopération, la solidarité, l'attention, le soin, ne sont plus de nobles intentions qui viendraient de surcroît mais des pratiques politiques et poétiques de première nécessité. Elles renouvellent nos capacités d'émerveillement et nos désirs de défendre pied à pied, corps à corps, ce à quoi nous sommes liés et attachés : « Pourtant je pense que ce petit chemin de rien du tout, si modeste soit-il, est à défendre avec autant d'acharnement, de bonne volonté et de rigueur qu'on défend une œuvre d'art d'un grand auteur[1]. »

Penser et agir depuis cette perspective ouvre les voies d'une politique terrestre. La Terre, d'objet passif devient une Terre active, puissante, créative, une Terre également réfractaire et non coopérative, avec laquelle nous avons à composer des mondes. Des mondes ancrés dans des territoires, non pour s'enfermer dans des racines fantasmatiques et leurs poisons identitaires mais pour les habiter, s'en nourrir et les nourrir en retour, reprendre les communs, déplacer et pluraliser leurs échelles. Faire monde et habiter la Terre sont indissociables. C'est à un tel ensemencement des luttes sociales, féministes, antiracistes, altermondialistes, traditionnellement socio-centrées, qu'appellent les Soulèvements de la Terre.

Les mondes terrestres sont en résistance : « Nous sommes la nature qui se défend », « Nous sommes les Soulèvements de la Terre ». Une clameur qui traverse les frontières sans imaginer s'approprier les intelligences et exubérances inouïes de la nature. Simplement s'accorder avec elles. Comme le fit une amie de la poétesse écoféministe Susan Saxe, arrêtée et interrogée par un agent du FBI qui lui demandait : « Qui fait partie de son réseau » ?

1. Pier Paolo Pasolini, « La forme de la ville », *Le Visiteur*, n° 23, mars 2018, p.125.

*Qui fait partie de mon réseau,*
*qu'est-ce qui nous lie, précisément ?*
*Autant chercher à comprendre la force*
*qui pousse le cours d'eau à travers la roche,*
*qui relie les semblables*
*et fait s'attirer les contraires*

[...]

*Enquêtez sur les marguerites qui envahissent les pelouses,*
*ou sur le lierre qui pénètre partout où il le désire.*
*Accusez le ciel d'avoir fait tomber la pluie,*
*et contribué au débordement de la rivière.*
*Arrêtez la mouette pour vol illégal*
*décrétez une frontière pour enfermer la mer,*
*demandez à une montagne de modifier son altitude,*
*essayez d'empêcher une femme libre de s'exprimer*[1]

Geneviève Azam

➡ Voir aussi Gaïa, Kapitalocène, Écoféminisme

1. Susan Saxe, « Une question stupide », in *Reclaim. Recueil de textes écoféministes*, choisis et présentés par Émilie Hache, Cambourakis, 2016, p.159.

# URGENCE CLIMATIQUE

*L'urgence climatique* n'est pas un slogan politique ; c'est une horloge géophysique liée directement aux conditions de vie de l'humanité et des écosystèmes. Le GIEC constate que la « fenêtre d'opportunité » pour assurer à toutes et tous un futur viable et durable se ferme rapidement. Environ 3,3 à 3,6 milliards de personnes vivent dans des conditions particulièrement vulnérables au changement climatique. L'augmentation des phénomènes météorologiques extrêmes a déjà exposé des millions de personnes à une insécurité alimentaire aiguë et à une pénurie d'eau croissante. L'année 2022 a donné un aperçu de l'aggravation des conséquences du changement climatique, par des canicules, sécheresses et incendies, en France comme ailleurs dans le monde. Nous sommes toutes et tous face à une escalade des dommages et des risques, mais de manière différenciée, les plus touchés étant les plus vulnérables et les moins responsables, avec les moyens les plus faibles pour s'y adapter.

Sans une réduction des émissions immédiate, rapide, soutenue dans le temps et dans tous les secteurs, rester bien en dessous de 2 °C de réchauffement sera hors de portée. Sur la trajectoire actuelle, les enfants né·es en 2020 seront confronté·es en moyenne à sept fois plus de vagues de chaleur au cours de leur vie que leurs grands-parents, et environ trois fois plus de sécheresses et d'inondations. Toute émission de gaz à effet de serre accroît les menaces pour les nouvelles générations.

Chaque tonne de gaz à effet de serre additionnelle dans l'atmosphère contribue à un réchauffement supplémentaire qui nous rapproche des limites de l'adaptation et de l'irréversibilité des dommages subis par les sociétés humaines et-ou les écosystèmes ; pour certains, ces limites sont déjà atteintes. Mais ces émissions continuent d'augmenter – un décalage criant entre ce qui est nécessaire pour atteindre les objectifs de l'Accord de Paris et ce que nos décideurs et décideuses politiques et économiques ont fait en matière de réduction des émissions.

Pour la France, le Haut Conseil pour le climat insiste sur le hiatus entre objectifs et réduction effective des émissions de gaz à effet de serre, qui devrait aller deux fois plus vite. En 2022, le président de l'Autorité environnementale, chargé de fournir des avis argumentés sur les grands projets d'aménagement, a conclu que la « transition écologique n'est pas amorcée en France », et souligné des évolutions préoccupantes pour la démocratie environnementale en France, avec des reculs du droit de l'environnement, et une inquiétude manifeste concernant l'insuffisance du soutien à la transition vers l'agroécologie, la gestion de l'eau et la préservation des zones humides.

Les actions d'adaptation et de transition vers des modes de vie et de production plus durables sont également insuffisantes pour protéger les populations et les écosystèmes. Au contraire, la dégradation des conditions essentielles pour le bien-être humain (santé, logement, alimentation) rend l'adaptation encore plus difficile et aggrave la vulnérabilité face aux changements climatiques – de la même façon que la destruction des habitats et des sols dégrade le potentiel des écosystèmes à survivre.

Nous sommes entré·es dans le dur et nous vivons au quotidien que les mesures cosmétiques du passé ne sont plus suffisantes. Mais s'il y a une urgence évidente à agir à la fois sur les causes et sur les conséquences du changement climatique, il est essentiel que les réponses soient construites intelligemment, dans chaque contexte, avec des enjeux majeurs sur la qualité et la légitimité démocratique des processus et des décisions. Parce qu'elles reposent le plus souvent sur des solutions technologiques qui aggravent notre dépendance à un système écologiquement insoutenable, les réponses actuelles face au changement climatique peuvent elles-mêmes être sources de nouveaux risques. Construire des transitions justes et éviter la maladaptation sont essentiels, pour ne pas aggraver les dommages aux écosystèmes et les inégalités, tant dans la participation à la prise de décision que dans l'accès aux ressources. Il faut lutter contre les effets de verrous dans les pratiques actuelles qui bloquent les transformations indispensables. Faire évoluer le droit est primordial dans ce cadre.

En présence de faits scientifiques robustes et de leviers d'action identifiés, depuis deux à trois décennies, l'inaction n'est plus un défaut de prise de conscience ou d'information : c'est un choix politique. Dès lors, le regard se déplace : quelle est la menace la plus grave ? Est-ce le réveil des mobilisations écologiques et climatiques, ou est-ce la poursuite de tendances non soutenables, la mise en chantier d'infrastructures qui aggravent les impacts du changement climatique, la dégradation des écosystèmes, la perte de biodiversité, et leurs conséquences pour le bien-être et les droits humains des générations actuelles et à venir ? Pour nous, scientifiques qui avons franchi le pas de la désobéissance civile en soutien à ses mobilisations, la réponse est claire et sans appel : les Soulèvements sont nécessaires.

**Scientifiques en rébellion**

➡ Voir aussi Hydrogéologie, Kapitalocène, Youth for Climate

# V

# VIOLENCE ET CONTRE-VIOLENCE

> *Il y a trois sortes de violence.*
>
> *La première, mère de toutes les autres, est la violence institutionnelle, celle qui légalise et perpétue les dominations, les oppressions et les exploitations, celle qui écrase et lamine des millions d'hommes dans ses rouages silencieux et bien huilés.*
>
> *La seconde est la violence révolutionnaire, qui naît de la volonté d'abolir la première.*
>
> *La troisième est la violence répressive, qui a pour objet d'étouffer la seconde en se faisant l'auxiliaire et la complice de la première violence, celle qui engendre toutes les autres.*
>
> *Il n'y a pas de pire hypocrisie de n'appeler violence que la seconde, en feignant d'oublier la première, qui la fait naître, et la troisième qui la tue.*
>
> Dom Hélder Câmara

« Mais vous, vous condamnez cette violence ? » La question est récurrente, sur les plateaux des médias, dans la bouche de journalistes désirant disqualifier l'ensemble des pratiques offensives et défensives des manifestant·es, en déniant en même temps toute réalité objective aux violences policières. Sont ainsi désignées comme « violences » aussi bien les jets de pierres, de feux d'artifice, de molotov, le bris de vitrines de banques, la défense à mains nues contre les coups de matraque, que les « casserolades ».

Sortir de l'injonction, prendre en compte des éléments de contexte issus des sciences sociales ou recourir à une éthique instituant le respect de la fragilité des corps non protégés devrait pourtant être à la portée de chacun·e. Les « violences », qu'elles soient oppositionnelles ou émanant du camp des « forces de l'ordre » et de l'État, ont en effet une histoire. Nombreux·ses sont les chercheur·euses qui ont montré que la violence policière, si elle n'est pas récente, voire si elle est inhérente à l'institution, s'est accompagnée ces dernières années d'un « tour de vis répressif draconien », mis notamment en lumière par Vanessa Codaccioni. Qu'elle s'exerce dans les quartiers populaires ou contre les mouvements sociaux, la violence s'incarne dans les corps ultra-équipés des gendarmes mobiles ou des membres de la Brav-M, comme dans les pratiques agressives de la Bac. Le recours à des « armes non létales » meurtrières n'a fait qu'accentuer, comme le montre Sébastien Roché, la « brutalisation de la police ». La hausse de ces violences a été singulièrement visible pendant le mouvement des Gilets jaunes, au cours duquel il y a eu de nombreux·ses blessé·es par des tirs de grenades et de LBD. L'acceptabilité de cette « doctrine du maintien de l'ordre » mutilante est rendue possible par un discours criminalisant les mouvements sociaux, dont une partie des militant·es est caricaturée en praticien·nes de l'« hyper-violence ». Une historicisation des registres d'action collective montrerait cependant que le recours à la violence est moins récurrent aujourd'hui qu'il ne le fut à d'autres périodes. En aucun cas la situation n'est comparable, par exemple, à la tension politique des années 1970, quand des militant·es faisaient le choix du plasticage, de la séquestration de patrons ou celui, plus radical encore, de la lutte armée.

L'évêque Dom Hélder Câmara a défendu l'idée selon laquelle la première violence est celle de l'État qui « légalise et perpétue les dominations, les oppressions et les exploitations, celle qui écrase et lamine des millions d'hommes dans ses rouages silencieux et bien huilés ». C'est aussi ce qu'a dit l'activiste Starhawk, très mobilisée dans le mouvement altermondialiste, en parlant des institutions qui « imposent une violence quotidienne et mortelle à la majorité des personnes dans le monde. Si nous leur permettons de continuer sans entraves, nous participons à une violence bien supérieure à tout ce qui pourrait arriver lors d'actions de rue ». À ces violences institutionnelles, capitalistes, impérialistes, des militant·es s'opposent depuis longtemps déjà par l'action directe, l'autodéfense, la « guérilla urbaine » ou la « contre-violence » théorisée par l'écoféministe Françoise d'Eaubonne afin de ne pas mettre sur un pied d'égalité la violence de l'État et la pratique, nécessaire à ses yeux, de la violence politique.

Le choix de stratégies frontales n'est pas toujours partagé à égalité au sein des mouvements sociaux et le débat violence/non-violence resurgit régulièrement dans les espaces où la « non-violence » est bien implantée, comme les mouvements écologiques. En France, la mort de Vital Michalon, tué en 1977 à Creys-Malville par les gendarmes, hante encore les mémoires. La récente impasse stratégique dans laquelle s'est trouvée une partie du mouvement climat, qui prônait une non-violence assez stricte, a contribué à créer un espace plus ouvert au « respect de la diversité des tactiques ». Face à l'urgence de la situation et à l'inaction des États, la force des Soulèvements de la Terre est de favoriser un consensus autour du soutien aux différentes pratiques incluant des actions de confrontation, de démantèlement d'infrastructures et d'occupations de terres, tout en étant en capacité d'exercer un retour critique pour éviter une réponse contre-violente sans objet et sans efficacité. Les réflexions autour de la nécessité de se défaire tant d'un imaginaire viriliste de la lutte que de l'assignation des femmes à la non-violence devraient permettre de penser un continuum de pratiques diverses qui intègrent la question du soin, de l'aide mutuelle, et une attention renforcée aux rapports classe/race/genre/validisme au sein des espaces militants.

Loin de l'épouvantail médiatique construit autour du « militant d'ultra-gauche violent », loin du déni de la violence policière et de la violence d'État, loin d'une dichotomie fossilisée entre violence et non-violence, il y a une place pour une pratique contre-violente créatrice, efficace et non oppressive.

Isabelle Cambourakis

➡ Voir aussi Écoféminisme, Résistance

# VIVANT

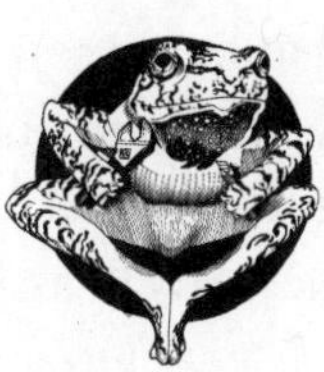

Qu'est-ce qui fait que des gens si différents puissent se retrouver autour d'une méga-bassine pour dénoncer son existence et la mettre hors d'état de nuire ? Malgré des différences d'appartenance politique, de génération, de corporation ? Des paysans et des écologistes, des zadistes et des élues, des forces qui ont volontiers été cristallisées comme des adversaires. Comment peuvent s'aligner dans une même action, par exemple, la Confédération paysanne et des naturalistes, localement, le temps de faire front commun ?

C'est comme si un nouvel attracteur gravitationnel était entré dans le paysage, et qu'il avait déformé le champ de force, de manière à déployer autrement les chemins de convergence et de divergence de l'action politique. Cet attracteur a plusieurs visages, mais l'un d'eux est particulièrement intéressant : on peut le nommer « sécheresse ». Et sa réponse indéfendable : « accaparement de l'eau ». La puissance de la sécheresse, c'est qu'elle nous restitue à notre condition de vivant, et nous aligne dans un destin commun avec les autres vivants du milieu – sans avoir besoin de faire de la théorie. La sécheresse est un trauma transpécifique : il circule à travers la barrière des espèces. On voit un arbre assoiffé, une prairie asséchée, et on le ressent dans notre chair. On parle en botanique de stress hydrique pour les plantes, en faisant circuler un concept qu'on croyait seulement animal, qu'on connaît bien de l'intérieur de nos corps, vers des formes de vie très éloignées. La sécheresse végétale stresse tout le milieu jusqu'à nous. Toute la vie l'a en partage. Rien ne noue mieux un humain à sa condition de vivant qu'une sécheresse. Au groupe de parole des Asséchés anonymes, il y a assis en rond toutes les formes de vie.

Dans l'héritage de la tradition moderne, qui s'est construite sur l'opposition entre nature et société, on peut bien aimer et protéger la nature, c'est toujours comme un dehors. Les structures mentales et économiques dominantes sont telles qu'il faut choisir entre consacrer de l'énergie et du temps aux intérêts humains *ou* à la biodiversité. Ce sont ces structures inconscientes que les attracteurs, l'air de rien, neutralisent.

J'appelle attracteur vital tout objet politique qui rend sensibles des destins communs et des alliances objectives à travers les frontières ontologiques héritées : entre vivants humains et non humains, entre nature et société, usage et protection des milieux. L'attracteur vital reconstitue des fronts communs interespèces. Est un attracteur tout ce qui nous permet de lutter naturellement pour des vivants non humains et pour des formes de justice et d'égalité entre humains. L'habitabilité est un attracteur de cet ordre, c'en est même l'archétype. Quand on parle de lutter pour l'habitabilité de la Terre, ou d'un milieu de vie, ce n'est jamais d'habitabilité pour les seuls humains qu'il s'agit, car ce sont les tissages de vivants qui rendent le milieu habitable pour tous. C'est ce que le déclin des pollinisateurs, de la faune des sols, des insectes européens rend douloureusement sensible aujourd'hui. C'est toujours la vie qui rend le monde habitable pour la vie. L'habitabilité est un attracteur politique qui noue de manière indiscernable les vivants humains et non humains.

Et ce n'est pas formuler des luttes écologiques de « protection de la nature » d'un côté, et des luttes sociales de l'autre, pour les faire converger *ensuite* (bien que cela ait du sens). C'est laisser monter du terrain des enjeux de lutte qui sont spontanément des attracteurs terrestres.

Pour construire une autoroute inutile, artificialiser des sols agricoles, des prairies, des forêts : voici une autre action hors-sol qui tisse ensemble une atteinte aux usages humains terrestres et au monde vivant non humain. Ces atteintes font émerger des attracteurs politiques dont voici l'originalité : ils nous mobilisent en tant qu'*humains* dans notre condition de vivant parmi les vivants. Ils reformulent le « pour » et le « contre » de la lutte. Partager l'eau entre humains, et avec les autres vivants, contre son accaparement par l'agro-industrie. Laisser respirer et fleurir la terre, agricole et sauvage, contre sa bétonisation.

Chacun et chacune est là pour ses raisons, concernée souvent d'abord par un enjeu plus que par l'autre, mais en reconnaissant l'existence et la pertinence de chaque dimension. Alors des syndicalistes se mettent à parler de salamandres, et des protecteurs de zone humide sauvage de justice sociale. Et c'est là que les problèmes de désaccords idéologiques et les traditionnelles obsessions pour la hiérarchisation des causes (« d'abord il faut défendre la paysannerie, les zones humides c'est secondaire » – ou l'inverse) ne font plus vraiment clivage. Ce n'est pas qu'elles sont résolues et priorisées en toute clarté, c'est qu'elles sont rendues secondaires. Voilà la force de ces attracteurs vitaux qui font des fronts communs entre vivants, sans opposer sauvage et domestique, nature et intérêts humains.

Baptiste Morizot

➡ Voir aussi Composition, Naturalistes des terres, Paysannes et paysans

# WWW.TOXIQUE-VILLAGE-GLOBAL.COM

Le Web, grande porte d'entrée du réseau Internet[1], symbolisait il y a trente ans l'apothéose de la société de communication. On échangerait des idées et des services : l'économie immatérielle remplacerait l'industrie polluante. Les monopoles capitalistes disparaîtraient au profit de petits artisans du Web, start-up sans cravates rivalisant sur le libre marché de l'inventivité et du partage. Les bureaucraties allaient dépérir, comme toute sorte de pouvoir vertical, grâce à la Toile, démocratique par nature. C'est largement grâce à cette utopie numérique que le capitalisme a remis tout le monde au travail après les luttes ouvrières, les mouvements écologistes et les désertions massives de la décennie d'après 1968.

1. Mis au point en 1990, le World Wide Web est la principale application (et le standard universel de circulation des données) d'Internet qui, lui, désigne le réseau informatique mondial et son infrastructure.

Quel est le bilan ? En capitalisation boursière, sur les six entreprises les plus riches du monde, cinq sont des géants du numérique (Apple, Microsoft, Alphabet, Amazon, Tesla). Leur pouvoir est supérieur à celui de la plupart des États et dicte leurs politiques : numériser l'administration, l'enseignement, la santé, les transports, l'agriculture, le tourisme. Déployer la 5G, la fibre, les objets connectés. Identifier chacun par smartphone et QR codes. Le secteur du numérique, parce qu'il met les politiques publiques à son service et utilise ses capacités inouïes de manipulation de l'espace public, enregistre une croissance de plus de 20 % par an et nous mène droit dans le mur. C'est aujourd'hui à la fois le centre de commandement et d'accumulation du capital et la locomotive de la catastrophe écologique. D'ici 2030, il pourrait être responsable de 8 % des émissions carbone, soit beaucoup plus que le trafic aérien.

Nous avons vécu une hallucination collective : il n'y a jamais eu d'économie immatérielle. Dans les années 1980, il y avait des travailleuses hispaniques empoisonnées par la production de composants électroniques dans les banlieues de la Silicon Valley. Il y a maintenant les usines géantes de smartphones où trime la jeunesse d'Asie, arrachée aux campagnes pour des bas salaires et une vie en dortoirs. Il y a les usines de puces électroniques comme celles de Crolles en Isère qui consommeront bientôt 336 litres d'eau potable par seconde. Il y a les data centers où sont stockées les données informatiques en croissance exponentielle, dont il faut refroidir en permanence les serveurs : en 2030, rien qu'en France, le stockage de données devrait engloutir à lui seul l'équivalent de la production électrique de trois à quatre réacteurs nucléaires[1]. Et comment produire 1,5 milliard de smartphones par an et un flot permanent d'ordinateurs, tablettes, scanners, câbles etc. sans les milliers de mines et d'usines métallurgiques qui fournissent les dizaines de métaux indispensables au numérique ? Le seul déploiement de la 5G devrait nécessiter entre 11 et 23 millions de tonnes de métaux à l'horizon 2030[2]. Terres rares, cobalt, argent, étain, titane, tantale, palladium, tous ces métaux racontent des histoires sordides de prédation minière : migration forcée, déforestation, enfants fouraillant dans les scories, cours d'eau empoisonnés pour des siècles, coulées de boues toxiques et, de plus en plus, des guerres pour les matières premières.

La transition *écologique et numérique* est une contradiction dans les termes : monumentale escroquerie intellectuelle du XXI$^{e}$ siècle. Le numérique ne sauvera pas la planète, il accélère les ravages du capitalisme. Il engloutit l'eau et l'énergie, décuple les addictions, robotise et défigure le travail et soumet le quotidien à l'arbitraire de l'intelligence artificielle. Comment l'arrêter ? Macron, en patron de la start-up nation, a balayé d'un revers de main le moratoire

1. Prévisions RTE, *Le Monde*, 8 mars 2023.

2. Gloria Filk, « Material Criticality for Future Communication Technology : A Case Study for a Dutch Telecommunication Company », thèse, Leiden University et Delft University of Technology, septembre 2021, p. 44.

sur la 5G demandé par la Convention citoyenne pour le climat, mais les centaines de sabotages d'antennes sur le territoire coûtent cher aux opérateurs. Après avoir été emprisonnée dans la technosphère pendant des mois de crise sanitaire, une bonne partie de la population a compris qu'il fallait tenir les écrans à distance : des parents s'organisent pour défendre les enfants contre l'embrigadement virtuel (« Pas de smartphone avant 15 ans »), des collectifs exigent le retour des guichets « dématérialisés », des dépôts Amazon sont pris pour cible. Aux Pays-Bas, en Irlande et en Angleterre, les luttes de paysan·nes et d'habitant·es contre la construction de data centers n'ont jamais été aussi vivaces et remportent des victoires inspirantes. Reste aux Soulèvements de la Terre à inventer les formes d'un désarmement général du capitalisme numérique !

Celia Izoard

➡ Voir aussi Luddisme, Technologies, État colonial

# X COMME ASPHYXIE

## Se soulever pour trouver l'air

La réforme des retraites, la répression des manifestations à Sainte-Soline, l'opération Wuambushu à Mayotte – par des opérations répressives spectaculaires, l'État performe la terreur sur plusieurs fronts. Ce faisant, il s'adresse aux populations : aucune résistance ne sera tolérée. Mais il s'adresse avant tout aux investisseurs : « Venez, nous faisons de la France votre territoire. » L'État apprend aux travailleurs à se taire et à obéir, aux journalistes à épouser le point de vue du patron, et crée un lumpenprolétariat sans papier, affamé et brisé dans les centres de rétention administrative, qu'on pourra traiter comme du bétail et qui fera une excellente main-d'œuvre.

Le gouvernement Macron n'est pas erratique, il ne tape pas dans tous les sens. Il a un projet, le même que celui de la plupart des gouvernements occidentaux : en finir avec la démocratie. L'anarcho-capitalisme opère une transformation du monde. Ils veulent la liberté financière sans la liberté politique ; le libéralisme sans la démocratie.

Ils ne veulent plus de contraintes – ni écologiques, ni politiques, ni d'État, ni féministes, ni queer, ni antiracistes – ils exigent l'aliénation des peuples et la liberté absolue des mouvements financiers. Que les médias qui leur appartiennent répètent à l'envi que toute gauche est un terrorisme n'a rien d'étonnant puisque toute critique de l'anarcho-capitalisme est vécue comme une atteinte aux droits fondamentaux des investisseurs. Une atteinte à leur liberté de transformer le monde en cimetières chaotiques, en zones commerciales. Ils font déclamer à leurs employés : « On ne critique jamais celui qui fait le chèque. » C'est une remarque programmatique. Ils calomnient les opposants de Sainte-Soline encore dans le coma, les traitent comme des terroristes, et on n'humanise pas le terroriste. On l'abat. Il faut qu'on comprenne qu'on ne s'oppose pas aux délires de celui qui fait le chèque, même s'il est pris de folie, même s'il se propose d'empoisonner la terre et l'eau et l'air qu'on respire – on ne critique pas celui qui fait le chèque. On le flatte, on le craint, on se tait. Ils veulent détruire la planète, ils veulent en finir avec le droit du travail – ils exigent des populations qu'elles se taisent et regardent faire. Que nous devenions les spectateurs dociles de nos propres destins.

En Europe, le coup d'envoi de cette démolition des démocraties a eu lieu en Grèce, lorsqu'en 2009 on a privé une nation de la légitimité de son vote. On s'est dit – nos banques valent bien leur démocratie. Et la Grèce s'est soulevée, pendant des mois, lors de manifestations qui ressemblaient beaucoup à celles qui enflamment la France aujourd'hui. C'était une expérience. Que se passe-t-il si on prive un pays de sa démocratie et qu'on le livre aux talibans de la monnaie ? La réponse, on s'en souvient : sidération. La même que celle d'une victime de viol. C'est de cette sidération que les plus jeunes d'entre nous sortent, aujourd'hui. Une génération qui voit plus clair : ceux qui font les gros chèques sont des fanatiques, c'est-à-dire des fous de la monnaie, comme d'autres sont des fous de Dieu. Leur main ne tremble pas s'il s'agit d'égorger la planète sur laquelle grandissent leurs propres enfants.

Je sens autour de moi, dans les milieux de la culture, que ça se met en place. C'est organique un pays, c'est comme un corps – il respire sans avoir besoin d'y penser, il s'adapte. Je vois autour de moi se répandre cette idée : le *woke* est l'ennemi principal. Qu'il soit écologiste ou féministe ou antiraciste ou simplement de gauche – le *woke* menace la culture, il censure, il empêche les philosophes de penser le monde, les romanciers d'écrire leurs œuvres capitales, les cinéastes de réaliser de beaux films. L'ennemi principal, c'est le woke. Et jamais celui qui fait le chèque. C'est pourquoi les milieux de la culture protestent peu quand on criminalise la résistance. On se convainc que le woke ne laisse pas le choix, qu'il faut l'empêcher de nuire. On se prépare ainsi à collaborer en toute dignité.

L'anarcho-capitalisme voit l'avenir sous un jour radieux. Le gouvernement Macron assure la passation de pouvoir – il est là pour donner les clefs à l'extrême droite et alors ce sera enfin réglé. Les investisseurs seront chez eux. Ils oublient que leurs enfants aussi ont besoin d'eau et le désir d'un futur qui ne les condamne pas à être des charognards. C'est l'un des grands interstices – ceux qui sont encore jeunes désirent des vies qui ne ressemblent pas à celles de leurs parents. Parmi eux, beaucoup refusent l'intégrisme de la monnaie, et leurs révoltes sont aussi internationales que la finance. Ce n'est pas la première fois qu'une foule rêve de renverser un pouvoir absolu. Il faut croire en l'histoire que raconte le pouvoir pour qu'il opère – il faut croire qu'il n'y a pas d'alternative au capitalisme.

Mais nous sommes des humains et les jeunes humains ont un désir de vivre qu'il est difficile d'anéantir. Il semble que cette génération de résistants préfère imaginer la fin du capitalisme plutôt que la fin du monde.

Virginie Despentes

➡ Voir aussi Résistance, Autonomie, Youth for Climate

# YOUTH FOR CLIMATE

## Du mouvement climat aux Soulèvements de la Terre

15 février 2019. Avec des centaines de jeunes nous lancions les grèves pour le climat à Paris, en bloquant la route devant le ministère de la Transition écologique. Nous avions décidé de dédier chaque semaine nos vendredis à la lutte pour une société écologique et juste : en occupant nos universités, en manifestant massivement et en menant des actions de désobéissance civile.

Dès le début du mouvement, nous étions convaincus que seule une écologie radicale nous permettrait de stopper le ravage en cours. Une écologie qui s'attaque aux racines de la catastrophe.

Une écologie qui part du constat que le capitalisme est fondé sur le dogme de la croissance économique infinie (alors que notre monde est fini), sur la reproduction des inégalités et la maximisation des profits d'une minorité. Une écologie qui prend au sérieux les questions démocratiques et sociales, de même que le mouvement des Gilets jaunes portait les mêmes revendications à cette période. Une écologie qui ne se contente donc pas des quelques ajustements ou solutions techniques miracles promis par les gouvernements ou les grandes entreprises et qui n'est pas dupe de leurs opérations de greenwashing.

La stratégie des grèves pour le climat était simple : s'appuyer sur des mobilisations de masse pour porter la nécessité de cette écologie radicale dans les médias et dans les rues. Permettre ensuite aux jeunes de se former à la désobéissance civile afin d'effectuer des actions massives visant les lieux de pouvoir. Contraindre les dirigeants à agir en attaquant leur image et en menaçant l'économie.

Pendant cette séquence de regain du mouvement climat, la mobilisation fut impressionnante. Ce fut une période de renouveau de l'action directe dans le milieu écologiste. Des sièges d'entreprises et des lieux de pouvoir étaient ciblés toutes les semaines.

Nos actions eurent de plus en plus d'impact, comme en témoigne notamment l'action contre le siège de Black Rock.

Cependant elles ne nous permirent pas d'obtenir les grandes victoires escomptées : l'exécutif ne proposa qu'une loi climat à mille lieues des enjeux, ne reprenant que quelques propositions de la farce démocratique que fut la Convention citoyenne pour le climat.

Les raisons de ce bilan mitigé sont nombreuses : actions coup de poing d'un jour décorrélées de luttes sur le long terme, difficulté à faire ressortir des messages radicaux médiatiquement face au greenwashing de nos adversaires…

À la suite de la loi climat-résilience, la question stratégique se posa donc d'autant plus dans le mouvement écologiste. Comme beaucoup j'ai senti le besoin d'ancrer davantage mon activisme. Lorsque l'on se bat pour la justice écologique et sociale, on peut vite se sentir écrasée par l'ampleur des tâches à accomplir. Derrière le dérèglement climatique et l'effondrement de la biodiversité il y a des processus complexes et globaux et on peut avoir l'impression que si l'on n'attaque pas les responsables au moins à un échelon national, la lutte est vaine.

Pourtant le ravage du vivant a lieu chaque jour près de nous. Les mêmes multinationales, les mêmes politiques publiques contre lesquelles nous nous battons parfois laborieusement à l'échelle nationale broient nos corps, saccagent nos terres et tuent de nombreux êtres vivants chaque jour sur nos lieux de vie.

C'est à cette échelle locale que nous avons le plus de prises sur leurs activités destructrices. Les luttes territoriales écologistes l'ont démontré ces dernières années : là où le lobbying d'ONG dans les institutions et les manifestations généralistes auraient peiné à freiner quoi que ce soit, nos résistances locales ont pu faire reculer des gouvernements et des multinationales.

Pour ne citer que les cas les plus emblématiques, nous avons enrayé le déploiement du nucléaire à Plogoff, fait reculer l'armée au Larzac, gagné face à Vinci à Notre-Dame-des-Landes.

Derrière ces victoires, il y a une culture de résistance qui s'implante et qui construit les bases de la société juste et écologique que nous souhaitons faire advenir. Par les liens qui se tissent et l'entraide qui en résulte. Par l'autonomie matérielle que nous retrouvons via la lutte, que ce soit en reprenant des terres ou en organisant des cantines. Par l'auto-organisation et les bases de formes démocratiques directes que nous construisons en reprenant le pouvoir sur nos vies lors de ces contestations.

Au-delà de la nécessité d'ancrer nos luttes, s'il y a une chose que le mouvement climat a bien comprise en 2019, c'est que la voie institutionnelle est une impasse.

C'est pourquoi le mouvement écologiste doit devenir une force de résistance capable de démanteler elle-même la mégamachine responsable du ravage.

Ces hypothèses stratégiques qui m'ont traversée et ont traversé de nombreux jeunes du mouvement climat prennent corps aujourd'hui au sein des Soulèvements de la Terre.

**Léna Lazare**

➡ Voir aussi Urgence climatique, Résistance, X comme asphyxie

# ZAD

Un spectre hante la classe politique française : la ZAD. Le président des Républicains en fait « la faute originelle du quinquennat ». Le ministre de l'Intérieur invente par deux fois un projet de construction de ZAD à Sainte-Soline, pour pouvoir ensuite affirmer bravement qu'il en aurait empêché la naissance. Lorsqu'il annonce la création d'une cellule anti-ZAD, la carte qui l'accompagne désigne en fait l'ensemble des luttes territoriales qui font frémir les aménageurs. Pour déchiffrer cet effort permanent de conjuration, il nous faut rappeler ce que la forme ZAD a produit comme dérèglements politiques au cours de la dernière décennie.

À l'automne 2012, l'opération César et ses 1 600 gendarmes sont mis en échec à Notre-Dame-des-Landes par des semaines de barricades, de ravitaillements populaires, puis par 40 000 personnes venues « réoccuper » en édifiant un village au cœur la boue. Un improbable retournement se produit aux yeux de l'ensemble du pays. C'est un sentiment de fatalité dans l'asymétrie du combat, face à une multinationale ou à un « grand projet d'État », qui vole derechef en éclats : tractopelles et grenades n'ont pas toujours le dernier mot.

Dans ce sillage, un schéma se diffuse à travers le pays. Des ZAD naissent ici et là. Elles parviendront dans les années qui suivent à mettre en déroute plusieurs projets de barrage, d'extension urbaine et autres parcs d'attractions. Elles sauveront des zones humides, des prairies et des forêts dans le Morvan, à Roybon, aux Lentillères à Dijon ou à Sivens… Partout se diffuse la grande peur de ne plus pouvoir mener en paix un chantier de bétonnage.

Ce qui tranche dans les ZAD, c'est la composition entre cultures et pratiques politiques multiples : jeunes cagoulé·es, retraité·es, paysan·nes, ouvrier·es du BTP, déserteuses, écolos urbain·es et freaks en tout genre. Elles avancent dans la reconnaissance de ce que chacun·e apporte : la capacité à se défendre juridiquement, à lever les foules ou à lancer des semis, à tailler des charpentes, déployer des cantines et faire usage des frondes. La résistance physique sur le terrain y est mise en avant comme un élément – certes insuffisant à lui seul –, mais absolument nécessaire. Cet évitement du face-à-face binaire entre violence et non-violence montre son efficacité.

La ZAD dessine un dépassement d'un autre antagonisme stérile entre offensive et alternative. Elle fait ressurgir la possibilité de la Commune. Vivre et lutter, c'est inscrire la défense d'un territoire et l'invention d'autres formes de vie plus désirables dans un même mouvement, un même quotidien. Elle devient emblématique d'un débordement constant de l'autorité préfectorale dont les arrêtés absurdes – pour interdire de construire, semer, etc. – n'opèrent plus. La ZAD force des ministres à devoir se justifier régulièrement à l'Assemblée de ne pas avoir trouvé le moyen d'en finir avec une zone « de non droit ». Ils promettent tous les trois mois le commencement des travaux d'un aéroport, pour finalement l'abandonner.

Affranchis du cycle des mouvements sociaux au profit de leur temporalité propre, ces espaces libérés marquent une territorialisation des luttes. Une génération y trouve, dans l'intimité des prairies et des forêts, un bouleversement des liens avec le vivant autant qu'un exigeant apprentissage du collectif. Elle y éprouve la réinvention de rapports communs au travail et à la subsistance, en vue de s'émanciper de l'hégémonie marchande.

L'ancrage territorial de la forme ZAD s'est parfois poursuivi au-delà de l'abandon du projet initialement combattu. Des communs s'y construisent alors au long cours, jouant des cadres légaux et de leur dimension protectrice tout en conservant une propension persistante à tordre le droit afin de maintenir des espaces d'autonomies collectives malgré de nouvelles contraintes.

Cela ne saurait faire oublier que les ZAD ont, chacune à leur tour, connu leurs errances, drames et déchirements idéologiques, notamment sur les moyens de survivre dans la durée. Mais n'en déplaise à Gérard Collomb qui avait promis, au printemps 2018, que l'on n'en « entendrait plus parler », la ZAD n'a pas dit son dernier mot ! Cinq ans plus tard, elle s'élève soudainement dans la neige pour arrêter un projet de bassines en Haute-Savoie, puis se voit accusée d'être le foyer d'un mouvement à dissoudre.

Si les Soulèvements de la Terre portent l'occupation foncière comme levier du mouvement au même titre que les blocages et désarmements, c'est fort de l'héritage des ZAD mais aussi de leurs limites et de la volonté de ne pas en faire un automatisme. Cette filiation doit aujourd'hui se remodeler dans toutes ses déclinaisons possibles : prises de terres, remises en culture contre l'accaparement agro-industriel, libérations d'espaces pour des expérimentations sociales et l'épanouissement du vivant... Elle se traduit enfin par une invitation à renverser les perspectives zadiennes : quand ce sont les gendarmes qui se retrouvent à défendre par milliers la zone bien délimitée d'un chantier de mégabassines, n'est-ce pas l'ensemble d'un territoire beaucoup plus vaste, autour d'eux, qui se dévoile ingouvernable dans la défense acharnée de ses cours d'eau ?

Martine Luterre

➡ Voir aussi Autonomie, Base arrière

# CHRONOLOGIE

**Janvier 2021.** Création des Soulèvements de la Terre.

**27 mars 2021.** Les Vaîtes. Plusieurs centaines de personnes défilent dans les rues de Besançon pour rejoindre le quartier populaire des Vaîtes dont les jardins ouvriers sont menacés par un projet d'écoquartier. Fête, balades naturalistes et mise en culture de terres marquent la journée.

**10-11 avril 2021.** Week-end de défense de la Prévalaye. Contre l'extension de la zone de loisirs du Stade rennais, malgré la pression préfectorale, un joyeux cortège met en culture des terres menacées pour ravitailler les luttes. Le week-end est également marqué par un tournoi de foot populaire.

**22-24 mai 2021.** Contre la déviation de la RN88 en Haute-Loire. Après une manifestation devant la préfecture du Puy-en-Velay, nous rejoignons les terres de paysan·nes opposé·es au projet de route. Un jardin potager et une cabane sont édifiés sur le tracé. Des piquets de géomètres sont arrachés lors d'une marche nocturne aux flambeaux.

**19-21 juin 2021.** Camp de rencontres et d'actions à Saint-Colomban. Contre l'extension de deux carrières de sable, nous établissons un camp dans une ferme résistante. Manifestation populaire le samedi. Dimanche : discussions et ateliers sur les alternatives au béton dans la construction et sur le fléau du maraîchage industriel. Lundi matin : un cortège tente d'envahir la carrière Lafarge tandis qu'une quarantaine de tracteurs paysans bloquent une plateforme de maraîchage industriel.

**29 juin 2021.** Grand Péril Express/#DésarmonsLeBéton. Au petit matin, 400 personnes surgissent dans le port de Gennevilliers, principale plateforme de production de béton du Grand Paris. Quatre sites sont occupés jusqu'au lendemain. Ils sont méticuleusement repeints et désarmés. Les outils de production sont mis hors d'état de nuire pour plusieurs semaines. Les dégâts sont considérables.

**22 septembre 2021.** Appel à converger contre les « mégabassines » et le démarrage des chantiers. Un convoi d'une trentaine de tracteurs paysans part de Loire-Atlantique jusqu'à Mauzé-sur-le-Mignon. Il agrège en route des paysan·nes du secteur. En plein congrès de la FNSEA, après un rassemblement à Niort, 400 personnes se rallient

au convoi et vont jusqu'au chantier de mégabassines et l'envahissent. Les travaux sont interrompus, une pelleteuse est désarmée. C'est le début d'un bras de fer.

**9-10 octobre 2021.** Marche des Terres. Fin de chantier pour la ligne 18 : le moratoire c'est nous ! Des centaines de personnes marchent jusqu'à l'hôtel de ville de Paris depuis Gonesse, Saclay et Thoiry pour s'opposer aux projets du Grand Paris.

**29 janvier 2022.** Marche contre l'accaparement et reprise de terre dans le Jura. Contre l'accaparement des terres, nous rejoignons les paysan·nes du Jura afin de défricher deux hectares de vignes à l'abandon, accaparées et laissées en friche par le groupe foncier ABJ. Objectif : installer des vignerons plutôt que de laisser ces terres à la spéculation.

**5 mars 2022.** Bye-bye Bayer, Ciao Monsanto à Lyon. Le matin à Villefranche-sur-Saône, plusieurs centaines de personnes débarquent par surprise sur un site industriel de Monsanto. Ce surgissement et cette brève intrusion mettent le site à l'arrêt. L'après-midi, plusieurs milliers de personnes manifestent dans les rues de Lyon en direction du siège social de Monsanto.

**22-27 mars 2022.** Un printemps maraîchin contre les méga-bassines. Onze mille personnes se réunissent pour un week-end de discussion et d'ateliers. Durant la manifestation du samedi, une canalisation du réseau d'une future bassine est collectivement désarmée.

**2 avril 2022.** Manifestation et reprise de terres aux Vaîtes à Besançon. La manifestation installe une maraîchère sur les terres menacées afin de mettre en place une AMAP pirate à destination des habitant·es du quartier. Premières assises des jardins populaires en lutte.

**14-15 mai 2022.** Charivari contre l'artificialisation de terres agricoles à la ZAP de Pertuis. Après plusieurs mois d'occupation d'une Zone à patates contre un projet de zone commerciale, un cortège carnavalesque s'élance. Des machines appartenant à l'entrepreneur bénéficiaire et baron local, Roger Pellenc, sont joyeusement désarmées.

**25-26 juin 2022.** Grondement des cimes, contre les retenues collinaires et l'artificialisation de la montagne à La Clusaz. Après une occupation de forêt qui a conséquemment entravé les travaux, le chantier est encerclé au moyen de différents parcours en montagne. La veille, des actions nocturnes surprises pointent les responsables du projet. Quelques semaines plus tard, le projet de retenues collinaires est abandonné.

**3 juillet 2022.** Action contre l'annexion du bocage au profit des carrières de sable Lafarge GSM. Mille cinq cents personnes et 50 tracteurs se retrouvent devant une carrière de sable. Plusieurs tonnes de légumes pourris issus des surplus du maraîchage industriel sont déversés devant

la carrière. Puis le cortège démantèle une écluse illégale qui vole l'eau du Redours au profit de Vinet, plus gros maraîcher industriel de la région.

**29-30 octobre 2022.** Pas une bassine de plus ! Manifestation de fin de chantier. Un campement est installé à quelques kilomètres du chantier de mégabassines de Sainte-Soline. Huit mille personnes s'y rassemblent en dépit des interdictions préfectorales. Trois cortèges s'élancent et débordent le dispositif policier franchissant une à une les lignes qui cherchent à empêcher sa progression. Un cortège parvient à démonter les grilles et envahir la bassine.

**25-26 mars 2023.** Pas une bassine de plus ! Le retour à Sainte-Soline. Cette fois-ci, c'est près de 30 000 personnes qui se rassemblent. Elles sont rejointes par un cortège d'une cinquantaine de tracteurs sur un camp installé au nez et à la barbe de la préfecture. Le dispositif policier est délibérément meurtrier. Retranchés autour de la bassine comme dans un fortin, des milliers de gendarmes font pleuvoir un feu intense et inédit de grenades sur la foule. Ils sont prêts à tuer pour empêcher la manifestation de pénétrer le chantier. Deux cents blessés. De nombreuses mutilations graves. Une personne encore entre la vie et la mort. Une partie du réseau de la bassine, construit depuis octobre, est démantelé sur le chemin du retour.

**28 mars 2023.** Darmanin annonce la dissolution des Soulèvements de la Terre. En dépit de cette annonce, les actions prévues sont maintenues : contre l'autoroute Castres-Toulouse, contre le contournement routier de Rouen, contre l'extraction de sable en Loire-Atlantique et contre le projet Lyon-Turin en Maurienne. Un appel rassemble plus de 100 000 signatures et des centaines de comités locaux des Soulèvements de la Terre fleurissent.

La suite, c'est à nous de l'écrire ensemble.

© David Malacrida

PAS 1 BASSINE
DE PLUS

## DANS LA MÊME COLLECTION

L'Événement Anthropocène
La Terre, l'histoire et nous
*Christophe Bonneuil, Jean-Baptiste Fressoz, 2013*

Les Apprentis sorciers du climat
Raisons et déraisons de la géo-ingénierie
*Clive Hamilton, 2013*

Toxique planète
Le scandale invisible des maladies chroniques
*André Cicolella, 2013*

Nous sommes des révolutionnaires malgré nous
Textes pionniers de l'écologie politique
*Bernard Charbonneau, Jacques Ellul, 2014*

L'Âge des low tech
Vers une civilisation techniquement soutenable
*Philippe Bihouix, 2014*
*Prix de la fondation de l'écologie politique 2014*

La Terre vue d'en haut
L'invention de l'environnement global
*Sebastian Vincent Grevsmühl, 2014*

Ils changent le monde !
1001 initiatives de transition écologique
*Rob Hopkins, 2014*

Nature en crise
Penser la biodiversité
*Vincent Devictor, 2015*

Comment tout peut s'effondrer
Petit manuel de collapsologie à l'usage des générations présentes
*Pablo Servigne, Raphaël Stevens, 2015*

Crime climatique Stop !
L'appel de la société civile
*Collectif, 2015*

Sortons de l'âge des fossiles
Manifeste pour la transition
*Maxime Combes, 2015*

La Part inconstructible de la Terre
Critique du géo-constructivisme
*Frédéric Neyrat, 2016*

La Grande Adaptation
Climat, capitalisme et catastrophe
*Romain Felli, 2016*

Comment les économistes réchauffent la planète
*Antonin Pottier, 2016*

Un nouveau droit pour la Terre
Pour en finir avec l'écocide
*Valérie Cabanes, 2016*

Une écosophie pour la vie
Introduction à l'écologie profonde
*Arne Næss, 2017*

Homo detritus
Critique de la société du déchet
*Baptiste Monsaingeon, 2017*

Géopolique d'une planète déréglée
Le choc de l'Anthropocène
*Jean-Michel Valantin, 2017*

Sentir-penser avec la Terre
Une écologie au-delà de l'Occident
*Arturo Escobar, 2018*

Notre empreinte cachée
Tout ce qu'il faut savoir pour vivre d'un pas léger sur la Terre
*Babette Porcelijn, 2018*

La Part sauvage du monde
Penser la nature dans l'Anthropocène
*Virginie Maris, 2018*

Une autre fin du monde est possible
Vivre l'effondrement (et pas seulement y survivre)
*Pablo Servigne, Raphaël Stevens, Gauthier Chapelle, 2018*

Cyberminimalisme
Face au tout-numérique, reconquérir du temps, de la liberté et du bien-être
*Karine Mauvilly, 2019*

Le bonheur était pour demain
Les rêveries d'un ingénieur solitaire
*Philippe Bihouix, 2019*

La Recomposition des mondes
Roman graphique. Postface d'Alain Damasio
*Alessandro Pignocchi, 2019*

Lettre à la Terre
Et la Terre répond
*Geneviève Azam, 2019*

Une écologie décoloniale
Penser l'écologie depuis le monde caribéen
*Malcom Ferdinand, 2019*
*Prix de la fondation de l'écologie politique 2019*

L'Aigle, le Dragon et la Crise planétaire
*Jean-Michel Valantin, 2020*

Lettre à Greta Thunberg
*Laurent de Sutter, 2020*

Leur écologie et la nôtre
Anthologie d'écologie politique
*André Gorz, 2020*

La Fin de la mégamachine
Sur les traces d'une civilisation en voie d'effondrement
*Fabian Scheidler, 2020*

La Servitude électrique
Du rêve de liberté à la prison numérique
*Gérard Dubey, Alain Gras, 2021*

Nous ne sommes pas seuls
*Léna Balaud, Antoine Chopot, 2021*

Invitation au vivant
Repenser les Lumières à l'âge de l'Anthropocène
*Andreas Weber, 2021*

Sous les pavés, la terre
Agricultures urbaines et résistances dans les métropoles
*Flaminia Paddeu, 2021*

Reprendre la Terre aux machines
Manifeste pour une autonomie paysanne et alimentaire
*L'Atelier paysan, 2021*

Qu'est-ce que le crime environnemental ?
*Grégory Salle, 2022*

Greenwashing
Manuel pour dépolluer le débat public
*Sous la direction d'Aurélien Berlan, Guillaume Carbou et Laure Teulières, 2022*

Ethnographies des mondes à venir
*Philippe Descola, Alessandro Pignocchi, 2022*

Pesticides
Le confort de l'ignorance
*François Dedieu, 2022*

La Condition terrestre
Habiter la Terre en communs
*Sophie Gosselin, David gé Bartoli, 2022*

L'Existence écologique
Critique existentielle de la croissance et anthropologie de l'après-croissance
*Christian Arnsperger, 2023*

Faim de droits
Le don à l'épreuve des violences alimentaires
*Bénédicte Bonzi, 2023*

Imprimé avec des encres végétales sur du papier blanchi sans chlore,
recyclé à 100 % pour l'intérieur.

Les droits d'auteur de cet ouvrage sont versés
aux Soulèvements de la Terre.

RÉALISATION : NORD COMPO À VILLENEUVE-D'ASCQ
IMPRESSION : NORMANDIE ROTO S.A.S. À LONRAI
DÉPÔT LÉGAL : JUIN 2023. N° 154726 (2302001)
IMPRIMÉ EN FRANCE